ココミル+
cocomiru

上高地 松本 安曇野

すてきな思い出
作りましょ♪

絶景を望む上高地のシンボル・河童橋（P69・70）

美しい自然と風情漂う城下町
北アルプスを望む美景ワールドへ

左：スイーツカフェ&バー「LOUNGE」（P79）の季節限定ケーキ、右：GRAIN NOTE（P32）の木のカップ
下左から：安曇野サイクリングで気分爽快（P46）、松本タウンのシンボル・国宝 松本城（P18）、北アルプスの湧水が流れる大王わさび農場（P44）

上：扉温泉の老舗旅館 明神館(P89)／右上：浅間温泉にある松本十帖(hotel松本本箱、P86)／右下：赤い三角屋根が印象的な上高地帝国ホテル(P80)

松本のナワテ通りを
ぶらりおさんぽ(P20)

自然豊かな安曇野
で作られたワインは
おみやげにぴったり
(P64)

Pino Libro
(P33)のきの
この七味入れ

そばの名店が多い信
州。写真は松本のそ
ばきり みよ田 松本店
(P28)

旬の果物が入るフルーツ
ダイニング SHUN(P36)
の生ゼリー

POMGE cidre &
bonbon (P36) の
雪どけりんごパイ

ダイニング＆カフェ YOKOYA(P53)の
新鮮野菜たっぷりの料理

日本アルプス総鎮守の穂高神社(P46)

国宝 松本城(P18)の天守からは市街を一望できる

松本民芸家具が配されたレストラン鯛萬(P27)

フレンチの老舗 レストラン鯛萬(P27)のお昼のコース

松本タウン

国宝 松本城を有する城下町をぶらりレトロ町さんぽ

国宝 松本城(P18)で和風コインケースのおみやげを

セラミカ 松本(P32)の子うさぎの置物

プリン専門店 春夏秋冬中町店(P21)のディップリンアイス棒

翁堂 本店(P36)の愛らしいタヌキケーキ

珈琲茶房 かめのや(P30)の昔懐かしいメロンフロート

セラミカ 松本(P32)のカラフルなカップ&ソーサー

国宝 旧開智学校校舎(P24)は2024年リニューアル予定

白いなまこ壁の建物がレトロな中町通り(P20)

安曇野

のどかな田園風景に癒やされ
名水とアートの里へ

ファーマーズマーケットで地元の野菜を手に入れよう（P60）

安曇野のわさびは生産量日本一

レンガ造りの建物が印象的な碌山美術館（P49）

信州の特産品が揃う
安曇野スイス村 ハイジの里（P61）のリンゴのジュース

▼開放感抜群の上高地帝国ホテル（P80）のラウンジ
▶リゾートホテルのカフェで旬のスイーツを（P79）

上高地

日本屈指の山岳リゾートで
絶景と美食に出合う

ロビーラウンジ グリンデルワルト（P78）のカスタードプリン

立ち枯れの木々が印象的な大正池（P68）

絶景が楽しめるラ・ベルフォーレ テラス（P75）

松本・安曇野・上高地って
どんなところ？

北アルプス山麓に広がる町
山々と清流に癒やされて

城下町として栄えた松本（☞P15）には歴史的建造物が多く、レトロな雰囲気に包まれて町歩きが楽しめます。安曇野（☞P41）は、田園風景が広がるのどかなエリア。玄関口の穂高駅をはじめ、各所にみどころが点在。上高地（☞P65）は日本を代表する山岳リゾート。大自然が訪れる人を癒やします。

北アルプスの山裾に広がる安曇野（☞P42）の田園風景

春は桜、秋は紅葉など、四季の花々で彩られる国宝 松本城（☞P18）

おすすめシーズンはいつ？

爽やかな風を感じる初夏や秋に
風光明媚なエリアを歩こう

冬季には雪が降ることも多い松本や安曇野は、春〜秋が旅行シーズン。北アルプスを眺めながらゆったりと観光を楽しみましょう。上高地は4月下旬〜11月15日が開山時期で、新緑の初夏〜7・8月と、紅葉が見られる10月がベスト。冬期はホテルやシャトルバスが休業するので気をつけて。

松本 安曇野 上高地へ
旅する前に
知っておきたいこと

長野県の中信地方に位置する松本・安曇野・上高地にはエリアごとに異なる魅力が満載！
旅を楽しむために、事前に予習をしておきましょう。

どうやって行く？

新宿からは特急で松本駅へ
車移動の際は規制に注意

松本駅を旅の拠点にすると便利。関東、中部、関西各方面から特急列車や高速バスでアクセスでき、安曇野や上高地に移動できます。車の場合は、高速道路で各目的地へ。ただし、中の湯〜上高地はマイカー規制域（☞P96）なので、駐車場に車を止めてシャトルバスに乗り換える。

新宿・松本間を結ぶ
特急あずさ

観光にどのくらいかかる？

各エリアは1日を目安に
近隣の温泉地にも注目して

各エリアともみどころがコンパクトにまとまっているので、1日あれば主要観光地を巡ることができます。上高地はハイキングルートが複数あり、目的や日程、体力に合わせて散策が楽しめます。それぞれ近隣に温泉地（☞P85）があるので、宿泊して温泉を満喫するのもおすすめです。

情緒あるナワテ通り
（☞P20）を散策

各エリアの楽しみ方は？

個性ある3つのエリアを遊び
温泉地でのんびり過ごす

松本城などみどころがまとまっている松本は散策が楽しい。宿泊なら浅間温泉（☞P86）や美ヶ原温泉（☞P88）がおすすめ。安曇野ではレンタサイクル（☞P46）が便利です。上高地はハイキング（☞P68）が観光のハイライトですが、リゾートホテル（☞P80）も多いのでぜひ1泊してみては。

上高地を散策して豊かな
自然を体感（☞P66）。写
真は河童橋

9:30 松本駅 出発～!

松本駅からスタート。移動は市内を周遊するバス「タウンスニーカー」(☞P16)で。

国宝 旧開智
10:00 学校校舎

2024年まで耐震工事中。隣接する松本市旧司祭館で紹介展示を実施(☞P24)。

11:00 国宝 松本城

松本に来たなら、必見の松本城(☞P18)。日本に5つしかない国宝の城の一つ。

大天守から街を一望

大天守の高さは、10階建てのビルとほぼ同じ! 360°遮るもののない眺望が楽しめます。

12:30 ランチ

HARMONIE BIEN(☞P27)で信州の食材をふんだんに使ったフランス料理を。

松本市
14:00 時計博物館

古時計の研究家が収集した貴重な和洋の古時計コレクションがずらり(☞P23)。

ナワテ通り・
14:30 中町通り

城下町の古い街並みが続く2つの通り。まるでタイムスリップした気分です(☞P20)。

松本民芸運動の祖・丸山太郎氏が開いたちきりや工芸店(☞P35)は必訪です。

くつろぎのひととき

国内外のカエルグッズが並ぶかえるのお店 RiBBiT(☞P21)でおみやげ探しを。

松本民芸家具が並ぶ老舗カフェ・珈琲まるも(☞P31)でレトロムードを満喫しましょう。

松本民芸家具
16:30 中央民芸ショールーム

職人がひとつひとつ作り上げる家具が展示されています。注文も可能(☞P35)。

18:00 温泉宿 おやすみ…

宿泊は1300年の歴史をもつという浅間温泉。写真は界 松本(☞P87)の料理イメージ。

1泊2日で
とっておきの松本 安曇野の旅

松本と安曇野の代表的な観光地を巡るプラン。
お買い物やグルメもたっぷり楽しみます。
日程に余裕があれば、ぜひ上高地や白骨温泉へ。

2日目

おはよう!

9:00 穂高駅

松本駅から大糸線で約30分。穂高駅の駅舎は穂高神社にちなみ社殿造り。

9:20 サイクリング

穂高駅前からレンタサイクル（☞P46）を借りて、いざサイクリングへLet's go!

10:00 穂髙神社

日本アルプスの総鎮守とよばれる神社（☞P46）は交通安全のご利益があるそう。

穂高神社の境内で旅の安全を祈ります。樹齢500年超の杉の巨木も必見です。

10:40 保高宿

保高宿（☞P47）には、古い町並みが残り、どこか懐かしい雰囲気が漂っています。

11:30 大王わさび農場

日本一の広さを誇るわさび農場（☞P44）へ。展望台などみどころが満載です。

映画『夢』のために造られた水車小屋は、農場を象徴するスポット。

ランチ

Restaurant OASIS（☞P45）では、わさびとよく合うグリル料理が堪能できます。

13:40 安曇野ちひろ美術館

穂高駅から安曇野周遊バスを利用して、安曇野ちひろ美術館（☞P48）へ。

いわさきちひろの貴重な原画にふれ、絵本の世界に浸りましょう。

14:30

ちょっとひと休み

美術館にある絵本カフェで、安曇野らしい景色と開運堂のお菓子を楽しんで。

16:00 信濃松川駅

大糸線の信濃松川駅から松本を経由して帰宅。時間があれば松本駅で最後のお買い物を。

せっかく遠くへ来たんですもの

3日目はひと足のばしてみませんか?

山岳リゾートの聖地
上高地ハイキング

日本では数少ない、国の特別名勝と特別天然記念物に指定されている上高地。大自然の中を歩き、すがすがしい空気や眺望に癒やされましょう（☞P66）。

乳白色の秘湯
白骨温泉へ

標高1400m、乗鞍岳東麓の深い山あいに湧く秘湯の地へ。野趣あふれる露天の湯が体を芯から温めてくれます。郷土料理も楽しみ（☞P92）。

ココミル
cocomilo

上高地 松本 安曇野

Contents

●表紙写真
apple＆rosesのアップル＆ローゼスタルト（P56）、国宝 松本城の売店の和風コインケース（P18）、国宝 松本城（P18）、
珈琲茶房 かめのやのメロンフロート（P30）、大王わさび農場（P44）、セラミカ 松本のカップ＆ソーサー（P32）、
河童橋（P69・70）、上高地帝国ホテル（P80）、泡の湯旅館の混浴露天風呂（P93）、レストラン ラヴニールのランチコース（P52）

〈マーク〉
- 📷🏯⛩ 観光みどころ・寺社
- 🎵 プレイスポット
- 🍴 レストラン・食事処
- 🍺 居酒屋・BAR
- ☕ カフェ・喫茶
- 🛍 みやげ店・ショップ
- 🏨 宿泊施設
- ♨ 立ち寄り湯

〈DATAマーク〉
- ☎ 電話番号
- 🏠 住所
- ¥ 料金
- ⏰ 開館・営業時間
- 休 休み
- 交 交通
- P 駐車場
- 室 室数
- MAP 地図位置

松本 安曇野 上高地って こんなところ

標高3000m級の北アルプス、風情漂う城下町の町並み、山麓に広がる風光明媚なエリア。温泉や自然体験など、魅力がいっぱい。

観光エリアは大きく3つ

旅の拠点となるのは、レトロな町並みが魅力の松本タウン。松本の北にあるのが、素朴な田園風景が広がる安曇野で、湧き水を生かしたわさび農園やアートスポットが点在する。岐阜県との境に位置する山岳リゾート上高地では、ハイキングで四季折々の自然を楽しめる。

プランニングは鉄道にバスを上手に組み合わせて

まずは起点となる松本駅へ。松本タウンは徒歩や周遊バスで観光可能。安曇野は、松本駅からエリアの玄関口・穂高駅まで鉄道で約30分。ここでの観光はレンタサイクルがおすすめ。上高地は、松本駅から鉄道で新島々駅へ行き、バスに乗り継ぐ。松本バスターミナル発の予約制直行バスもあるので確認を (☞P94〜97)。

まつもとたうん
松本タウン ①
…P16

▲名城・松本城。戦国時代末期の天守が現存している

黒壁が印象的な国宝 松本城が町のシンボル。武家屋敷や蔵造りの建物が残り、レトロな雰囲気が漂う。

あづみの
安曇野 ②
…P42

伏流水に恵まれ、名水の里として知られる。自然と共存する個性豊かな美術館や、数多くの道祖神を巡るのもおすすめ。

▲田園風景や北アルプスを眺めながら、爽快なサイクリングを

▲大王わさび農場のわさび田

▲梓川と河童橋は上高地のシンボル

かみこうち
上高地 ③
…P66

英国人宣教師W・ウェストンが世界に紹介した山岳景勝地。リゾートホテルも多いので、1泊2日でハイキングを楽しみたい。

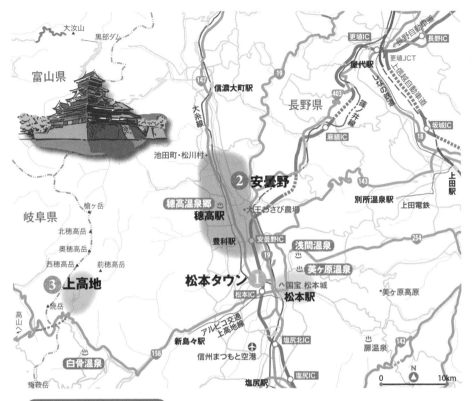

大汝山
黒部ダム
富山県

147 信濃大町駅
大糸線
長野県

岐阜県
檜ヶ岳
池田町・松川村
屋代駅
更埴IC
長野IC
更埴JCT
上信越自動車道
しなの鉄道
坂城駅
18

② 安曇野
穂高温泉郷
穂高駅
大王わさび農場
豊科駅
安曇野IC
別所温泉駅
上田電鉄
上田駅

403
篠ノ井線
麻績IC
143

254

北穂高岳
奥穂高岳
西穂高岳
前穂高岳

浅間温泉
美ヶ原温泉
松本タウン ①
国宝 松本城
松本駅
19
美ヶ原高原

③ 上高地
焼岳
高山へ
松本IC
アルピコ交通
上高地線
新島々駅
信州まつもと空港
塩尻北IC
142
扉温泉

白骨温泉
乗鞍岳
158
塩尻IC
塩尻駅

N
0   10km

人気の温泉エリアはこちら

あさまおんせん
浅間温泉
☞P86

『日本書紀』に記されていると伝わる歴史ある温泉。源泉の温度は約50℃で、かけ流しで入れる宿が多い。

▲界 松本（☞P87）の露天風呂付き客室。洗練された空間

うつくしがはらおんせん
美ヶ原温泉
☞P88

開湯は奈良時代に遡るという、浅間温泉と並ぶ歴史ある温泉。上質な湯や風情ある町並みが人気。

▲旅館すぎもと（☞P89）の囲炉裏付きの客室

ほたかおんせんきょう
穂高温泉郷
☞P90

豊かな湧き水に恵まれた安曇野に位置する。泉質はやわらかい肌触り。日帰り入浴できる施設も充実。

▲お宿 なごみ野（☞P90）の、見た目にも美しい創作懐石料理

しらほねおんせん
白骨温泉
☞P92

乳白色の湯で知られる、信州随一の温泉。乗鞍岳の山あいに宿が点在し、野趣あふれる露天風呂が評判。

▲乳白色の湯が魅力。写真は泡の湯旅館（☞P93）

散策が楽しい中町通り

松本タウンのシンボル、国宝 松本城

源智の井戸の隣りにある源智のそば

昔懐かしい雰囲気の、喫茶室 八十六温館

カジュアルフレンチのHARMONIE BIEN

菅原道真公を祀る深志神社

地元作家の作品が並ぶGRAIN NOTE

大正時代の洋風建築、かわかみ建築設計室

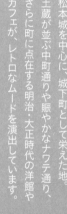

歴史を感じるお城や町並み、レトロカフェ。 情緒漂う松本タウンを巡りましょう

松本城を中心に、城下町として栄えた地。
土蔵が並ぶ中町通りや賑やかなナワテ通り、
さらに町に点在する明治・大正時代の洋館や
カフェが、レトロなムードを演出しています。

松本民芸家具でまとめられたレストラン鯛萬

2022年春リニューアルした松本市美術館

これしよう！
懐かしい雰囲気の
2つの通りを散歩

観光客に人気の中町通り
とナワテ通りを散策し、お
みやげ探しを。(☞P20)

これしよう！
松本民芸家具の
魅力にふれよう

市内には、松本民芸家具が
置かれたレトロモダンなカ
フェも多い。(☞P30・34)

松本市内を循環するバス
タウンスニーカー
松本駅を起点に市内を4つの
ルートで結ぶ循環バスが便
利。(☞大判地図・表)
☎0263-32-0910(松本バス
ターミナル) ¥1回乗車200円
(一部150円区間あり)、1日乗車
券500円

シェアサイクルを利用
専用駐輪場(ステーション)
であれば、どこでも貸し出し、
返却が可能。利用はアプリで。
(☞大判地図・表)
🕐24時間(一部ステーション除
く) ¥最初の30分130円、延長
15分ごとに100円(12時間最大
1800円)

これしよう！
松本城の天守から
市街を一望

北アルプスを背に立つ優
雅な城の天守に登り絶景
を眺めよう。(☞P18)

新旧が調和した、歴史と文化の町

松本タウン
まつもとたうん

セラミカ 松本のカップ
&ソーサー(☞P32)

こんなところ

松本城をはじめ、蔵造りの建物が続く中町
通り、明治時代に建てられた学校校舎など、
昔ながらの面影が残る。古い建物を改装し
たおしゃれなレストランやカフェが多く、
新旧のよさが調和しているのも魅力。工芸
の町ならではの上質な雑貨も要チェック。

access

●JR松本駅から松本城へ
徒歩約20分。タウンスニーカ
ー利用の場合約8分。

●松本ICから松本城へ
国道158号・143号など経由
で約3.5km、約10分。

問合せ
☎0263-39-7176
松本市観光情報センター
MAP P104B2

～松本タウン　はやわかりMAP～

移築復元された
松本市旧司祭館を見学
レトロな風情ある建物は撮影スポットとしても人気。(☞P24)

1 国宝 旧開智学校校舎
(☞P24)

2 国宝 松本城
(☞P18)

3 喫茶室 八十六温館
(☞P30)

4 ナワテ通り・中町通り
(☞P20)

5 松本民芸家具
中央民芸ショールーム
(☞P35)

6 松本市美術館
(☞P22)

松本タウンはココにあります!

地元の守り神
菅原道真を祀る
7月24・25日の例大祭は特に賑わいを見せる。(☞P38)

松本タウン

0　200m

おすすめコースは
5時間

名建築巡りやお城で歴史にふれたら、ナワテ通りや中町通りの散策を楽しんで。丁寧な手仕事が光る松本民芸家具の工房や、個性的なミュージアムで、文化とアートの風も感じたい。

スタート

松本駅 ▶ **1** 国宝 旧開智学校校舎（松本市旧司祭館）▶ **2** 国宝 松本城 ▶ **3** 喫茶室 八十六温館 ▶ **4** ナワテ通り・中町通り ▶ **5** 松本民芸家具 中央民芸ショールーム ▶ **6** 松本市美術館 ▶ 松本駅

ゴール

タウンスニーカーで17分　見る　徒歩5分　見る　徒歩6分　カフェ　徒歩3分　見る　徒歩すぐ　買う　徒歩10分　見る　タウンスニーカーで7分

漆喰の白壁と漆塗りの黒
対比が美しい国宝 松本城へ

見学所要
1時間

北アルプスの山々に映える黒塗りの壁面が印象的な松本のシンボル。
戦国時代に造られた大天守からの眺望も素晴らしいです。

▲松本市役所の最上階にある展望室からは、北アルプスをバックに美しい松本城を望める。土・日曜、祝日は入館できないので平日に訪れよう

こくほう まつもとじょう
国宝 松本城

北アルプスの美景をバックにそびえる名城

松本城は犬山城、彦根城、姫路城、松江城と並び、日本に5つしかない国宝の城の一つ。戦国時代末期の文禄2〜3年（1593〜1594）ごろ、武将石川数正・康長親子が築城、城郭建築の傑作との誉れも高い。狭間や石落など、火縄銃での攻防を想定した意匠がみどころだ。現存する五重六階の天守としては日本最古という貴重な建造物は必見。

☎0263-32-2902 住松本市丸の内4-1 ¥入城700円 時8時30分〜17時（最終入館16時30分）※時期により変動あり 休12月29〜31日 交JR松本駅から徒歩20分 P110台（1時間200円）MAP P104B2

黒門をくぐり
本丸へ！

▲本丸御殿に通じる格調高い門として当時の最高色調の黒を名に冠した黒門

園内の売店で
おみやげ探し

▲松本城が描かれた彫金しおり660円（上）と和風コインケース各470円（下）

◀天守の最上階は井桁梁でしっかり組まれた天井が特徴的

松本城おもてなし隊に会える

松本城では、毎日9〜16時の間、本丸庭園内に甲冑姿の武将や忍者が現れる。松本城をバックに一緒に記念撮影しよう。
☎0263-32-2902

だいてんしゅ
大天守

天守内部は6階だが、3階が屋根裏になっているため外からは5階に見える。高さは29.4mで、ビルの高さにすると、だいたい10階建てと同じ。

◀周囲には高い建物がないので眺望がいい。西の窓からは北アルプスの山々が見渡せる

わたりやぐら
渡櫓

大天守と乾小天守をつなぐだけでなく、天守への入口としての役目もある。敵が容易に入り込めないよう、非常に頑丈な扉で防御されている。

たつみつけやぐら
辰巳附櫓

月見櫓と一緒に増築された。上方が狭く、下方に釣鐘型に広がった花頭窓は禅宗建築で、松本城では乾小天守の4階にも見られる。

いぬいこてんしゅ
乾小天守

大天守の北に位置する三重四階の櫓で、渡櫓で天守と連結されている。戦国時代には小天守や櫓がない独立式の城が多かったので珍しい(公開中止中)。

つきみやぐら
月見櫓

上洛の帰路に立ち寄る予定だった徳川家光に月見をしてもらうために造られた。現存する城郭建造物で、月見櫓をもつものは非常に珍しい。

お城のみどころ
徹底解剖！

細かい部分にも注目です

かわら
瓦

家紋が付いている瓦が多く、よく見るとさまざまな種類の家紋がある。これは松本藩主の紋で、城主が6家も代わった松本城ならではのディテールだ。

さま
狭間

大天守、乾小天守、渡櫓の城壁にある、鉄砲や弓矢で敵を狙い撃つための穴。全部で115カ所あり、細長い矢狭間と正方形の鉄砲狭間の2種類ある。

いしがき
石垣

均一に整形せず、自然の石を積み上げる野面積(のづらづみ)という手法を採用。表面の石はさほど大きくないが、奥に向かって長い石を使用。

いしおとし
石落

城郭の壁や石垣上部に張り出すように設けた開口部で、石垣をよじ登って攻めてくる敵に対して、鉄砲を撃って攻撃するため使用されていた。

ここが入口！
天守

📖 五層六階の天守を誇る国宝 松本城は松本のシンボル。天守閣からは市街はもちろん北アルプスの山々も一望できます。

ナワテ通り&中町通りさんぽで城下町の風情を満喫

女鳥羽川沿いに延びる2つの通りは、散策や買い物に最適な松本観光のマストスポット。
ナワテ通りは四柱神社の参道として賑わい、中町通りは白いなまこ壁が美しい。

なわてどおり・なかまちどおり
ナワテ通り・中町通りってこんなところ

城下町風情あふれる2つの通りをおさんぽ

女鳥羽川沿いに城下の町並みを再現したナワテ通りと、善光寺街道沿いにあり、酒造業や呉服などの問屋街の名残を感じる風情ある中町通り。松本市内でも特に情緒豊かなストリートは、歩くだけでタイムスリップしたような気分になれる。

アクセス ナワテ通り:松本城から徒歩7分。またはJR松本駅からタウンスニーカー東コースで5分、中町・蔵シック館下車、徒歩2分/中町通り:松本城から徒歩8分。またはJR松本駅からタウンスニーカー東コースで5分、中町・蔵シック館下車すぐ
MAP P105E1

▲車が来ないので散策にぴったりなナワテ通り
▶カエルはナワテ通りのシンボル。通りにカエルの置物が点在する

◀白いなまこ壁の土蔵が立ち並ぶ中町通り

① カフェスヰト
② たい焼きふるさと
⑤ かえるのお店 RiBBiT

←千歳橋へ　　女鳥羽川　　中の橋

信州松本バウムクーヘン工房てまりや
時代遅れの洋食屋 おきな堂
③ おいも日和 松本中町店
● NAKAMACHI CAFÉ

④ プリン専門店 春夏秋冬 中町店
中町蔵シック館
♀中町・蔵シック館

▼柔らかくリッチな味わいのブリオッシュ食パンをフレンチトーストに

▲通りに面したテラス席ではペット同伴が可能

▼町並みになじむレトロなお店の前で一口
▼皮の焼ける香りに誘われる。甘さ控えめで食べやすい

① かふぇすいと カフェスヰト

パンの香りに包まれる優雅なひととき

創業100年以上の老舗ベーカリーカフェ。米シアトルで店を営んでいた創業者が大正3年（1924）に帰国しオープン。信州産の小麦にこだわった個性ある食パンとバゲット、カンパーニュ、これらを使ったシンプルな喫茶メニューでゆったり過ごせる。

☎0263-32-5300 住松本市大手4-1-13 営10～17時 休不定休 交JR松本駅から徒歩12分 P提携駐車場を利用 MAP P105E1

② たいやき ふるさと たい焼き ふるさと

パリパリの薄皮に自家製あんこがたっぷり

昔ながらの「一本焼き」で1匹ずつ丁寧に焼き上げる松本っ子に人気のたい焼店。自家製あんこが入った、たい焼き あんこ180円はもちろん、ウィンナーたい焼き、たいやきアイスも人気。

☎0263-39-5552 住松本市大手4-1 営10～17時 休火曜 交JR松本駅から徒歩13分 Pなし MAP P105E1

▲本焼きならではの香ばしさと食感

ナワテ通りの
「カエル大明神」に
ご挨拶しよう

女鳥羽川にかつて多く生息していたカジカガエルと、商店街に活気が"かえる"をかけて、ナワテ通りにはカエルのオブジェがあちこちに。毎年6月にはカエルまつりも開催される。

松本タウン ● ナワテ通り&中町通りさんぽ

❸ おいも日和 松本中町店
おいもびより まつもとなかまちてん

みんな大好き焼き芋スイーツ専門店

全国の契約農家から厳選したサツマイモを専用の蔵で60日以上熟成させ、添加物を使わず、焼き芋をはじめさまざまなスイーツを手作りしている。自然でねっとりとした甘みが特徴。

☎0263-88-3996 ㊟松本市中央2-10-17 ⏰10時30分〜16時30分(土・日曜、祝日は〜17時) ㊡不定休 🚉JR松本駅から徒歩10分 🅿なし MAP P105E1

▶紅うれし(温)100g237円〜ねっとりとした食感とコクのある甘さはスイーツそのもの。冷もある

▲焼き芋ブリュレ626円。ほどよい甘さと、クリーミーでとろける食感がクセになる

❹ プリン専門店 春夏秋冬 中町店
ぷりんせんもんてん はるなつあきふゆ なかまちてん

かわいくておいしいプリンスイーツが大集合

安曇野の新鮮な牛乳と松本の生みたて卵、旬の果物など、厳選素材を使ってバラエティに富んだプリンを手作りし販売。ほろ苦いキャラメルソースにファンも多い。

☎0263-87-3402 ㊟松本市中央2-9-13 ⏰11〜17時(土曜10時〜17時30分、日曜、祝日10〜16時) ㊡月曜 🚉JR松本駅から徒歩10分 🅿なし MAP P105E1

▲中町通りに面した店頭の大きなプリンのオブジェが目印

▲ディップリンアイス棒489円。凍らせたプリンを特製キャラメルソースにつけて

ナワテ通り

一つ橋

●松本市はかり資料館

中町通り　♀はかり資料館

Chez Momo ❻　●鎮神社

◀ペンケース2900円。口がファスナーになっていてユーモラス

▶カエルのぬいぐるみ600円(小)、700円(大)。部屋に飾るだけでほっこりしそう

❺ かえるのお店 RiBBiT
かえるのおみせ りびっと

雑貨から作品までカエルグッズの宝庫

キュートなカエルグッズのお店。国内作家の作品や海外のアイテムなど、実用的なものからポップなアート作品まで多種多様な商品を販売。

☎0263-88-2626 ㊟松本市大手4-3 ⏰11時〜日没 ㊡不定休 🚉JR松本駅から徒歩13分 🅿なし MAP P105E1

❻ Chez Momo
しぇ もも

パッケージも愛らしい手作りコンフィチュール

コンフィチュールと焼き菓子の店。コンフィチュールは、複数のフルーツを組み合わせ、アクセントにシナモンやクローブなどスパイスを使うことで複雑な味わいに仕上げている。

☎0263-32-2968 ㊟松本市大手4-4-16 ⏰10〜18時 ㊡水・木曜 🚉JR松本駅から徒歩15分 🅿なし MAP P105F1

▲コンフィチュールは常時6〜8種類。ほとんどがL1000円、S500円

▲パリの街角にあるようなキュートなお店

📖 中町通りは、かつて善光寺詣りの善男善女で賑わった善光寺街道。通り沿いには「まちめぐり案内図」が各所に立ちます。

現代アートから浮世絵まで 松本の個性派ミュージアム

最先端アートから浮世絵、また、古時計やはかりの収蔵品などバラエティ豊か。
松本には個性的なミュージアムが集まっています。

入口前では、草間彌生のパブリックアート《幻の華》（2002年）が訪れる人を出迎える。高さ10m、幅18mある草間彌生の野外彫刻最大の作品

繭の雌雄選別器、木製棒はかり、ローマはかり、ロバーバル機構など120点展示。感覚ではかる体験コーナーもある

深志神社周辺
まつもとしびじゅつかん
松本市美術館

多岐にわたる作品が
心揺さぶる美術館

松本市出身のアーティスト草間彌生の作品を多数展示する。書家の上條信山や信州の山々をこよなく愛した洋画家の田村一男、池上百竹亭（☞P25）コレクションなど、貴重で見ごたえのある作品をじっくりと鑑賞したい。

入場無料のミュージアムショップには、草間彌生グッズも豊富に揃う

☎0263-39-7400 住松本市中央4-2-22 入館410円
9〜17時（最終入場16時30分）休月曜（祝日の場合は翌平日）JR松本駅から徒歩12分
P67台 MAPP104C3

草間彌生《大いなる巨大な南瓜》2017年／©YAYOI KUSAMA

中町通り周辺
まつもとしはかりしりょうかん
松本市はかり資料館

「はかる」道具がずらり
土蔵造りの資料館

「測る」「計る」「量る」道具とその関連資料を約1300点収蔵している。両替天秤や繭の雌雄選別器などを展示。なまこ壁の土蔵と土蔵のある中庭の閑静なたたずまいもみどころの一つ。

土蔵を生かした中町通りのまちづくりの先駆けとして、平成元年（1989）に開館

☎0263-36-1191 住松本市中央3-4-21 入館200円
9〜17時（最終入館16時30分）休月曜（祝日の場合は翌日）JR松本駅から徒歩12分 Pなし MAPP105E1

繭の雌雄を重さで選別する「竹内式雌雄選別器」

学校建築として
貴重な建物が
今も残されている

市街地の東に位置する「あがたの森公園」には、旧制松本高等学校の校舎が残されている。現在はあがたの森文化会館として、さまざまな活動に利用されている（令和6年まで耐震工事のため入館不可）。**MAP**P105D4

古時計を中心に常時110点ほどの時計を、できる限り動いた状態で展示している

日本最大の浮世絵博物館として、多岐にわたる所蔵品が展示されている。約10万点のコレクションのうち、約1000点は肉筆浮世絵

中町通り周辺

まつもとしとけいはくぶつかん

松本市
時計博物館

振り子時計の付いた
外観が美しい

古時計の研究者であった本田親蔵氏が収集した古時計を中心に、時計の進化や発展の様子を映像やパネルなどで展示。大型置時計やカッコー時計のほか、毎正時に音と目で楽しめる時報にも注目。

時計の進化をテーマにした展示スペース

博物館のシンボルである大きな振り子時計は日本最大級の大きさ

☎0263-36-0969 🏠松本市中央1-21-15 ¥入館310円 🕐9〜17時（最終入館16時30分）🈳月曜（祝日の場合は翌日）🚉JR松本駅から徒歩10分 Ｐなし **MAP**P105D1

松本IC周辺

にほんうきよえはくぶつかん

日本浮世絵
博物館

世界に誇る
浮世絵コレクション

江戸時代に諸問屋として財をなした豪商・酒井家が収集した葛飾北斎や歌川広重など、19世紀を代表する絵師の作品など約10万点の浮世絵のコレクションを所蔵、順次公開している。

菊川英山『風流美人競／桜』

年4回の企画展では葛飾北斎をはじめ、有名絵師の名品も公開

☎0263-47-4440 🏠松本市島立2206-1 ¥入館1000円 🕐10〜17時（最終入館16時30分）🈳月曜（祝日の場合は翌日）🚉JR松本駅から車で7分 Ｐ75台 **MAP**P102A4

📖 日本浮世絵博物館には、酒井家が200年にわたり代々、収集管理してきた貴重な肉筆、版本が多数収蔵されています。

歴史を感じる松本の街で
レトロ建築巡り

城下町の面影を色濃く残す松本には、歴史的名建築もたくさん。
江戸時代の武家屋敷や住宅、明治・大正時代のレトロモダンな建物などを訪ねてみては。

地元の大工棟梁
立石清重の設計。当初は
女鳥羽川のほとりに
あったそう

▲八角形の塔屋と寺を思わせる唐破風、青竜と雲の上に2人の天使があしらわれている

欧州古典建築を
しのばせる。
館内の撮影OK

松本城周辺
こくほう きゅうかいちがっこうこうしゃ
国宝
旧開智学校校舎

和風建築と西洋建築の融合
文明開化の息吹を伝える

明治9年（1876）完成の擬洋風建築の代表とされる建物で、令和元年（2019）に国宝に指定された。擬洋風建築とは、文明開化を象徴する洋風と和風が混ざり合った建築。外壁に漆喰で石のような模様を施すなど独自の意匠が随所に見られる。

☎0263-32-5725 ㊟松本市開智2-4-12 ¥別休2022年5月現在休館中、2024年リニューアル予定 図JR松本駅から徒歩25分 ℗25台
MAP P104B1

▲令和6年（2024）まで工事で休館中だが、隣の松本市旧司祭館で紹介展示を見ることができる

▲館内の廊下天井にある照明飾り。1つずつ凝った作りになっている

松本城周辺
まつもとしきゅうしさいかん
松本市旧司祭館

県内に現存の最古の司祭館
撮影スポットとしても人気

明治22年（1889）に松本城北側に建設された洋館。約100年にわたり宣教師の住居として使用され、平成3年（1991）に現在地に移築復元された。

☎0263-32-5725（国宝 旧開智学校校舎）㊟松本市開智2-6-24 ¥無料 ⏰9時〜17時（最終入場16時30分）休第3月曜（12〜2月は月曜）、祝日の場合は翌日 図JR松本駅から徒歩25分 ℗20台
MAP P104B1

▶国宝 旧開智学校校舎の西側に位置する

市街地の歴史的名建築とアーティストがコラボ「マツモト建築芸術祭」

国宝 旧開智学校をはじめ、昭和初期に建てられた旧第一勧銀松本支店など、歴史的建築が市街地に集まる松本。十数カ所の名建築を会場に、多様なジャンルのアーティストが建築空間を生かした作品を展示。

ナワテ通り周辺

かわかみけんちくせっけいしつ
かわかみ建築設計室

現役で活躍する
大正時代の洋風建築

大正13年（1924）建築の医院併用住宅の木造建物。建設を仕切った地元の大工棟梁佐野貞治郎は、国宝旧開智学校を設計した立石清重の弟子にあたる。寄棟造り桟瓦葺、外壁はモルタルに目地を入れ、石造りに見せるなど、工夫が凝らされている。現在も建築事務所として活用されている。

住松本市大手5-1-3 時外観見学自由 交JR松本駅から徒歩15分 Pなし MAP P105F1

昭和の終わりまで実際に医院として使われていた建物

▼入口扉上部に花と幾何学模様のステンドグラスが配されている

▲縦長の窓を上下階揃えて配置。洗い出しのレリーフなど意匠性にも注目

松本城周辺

たかはしけじゅうたく
高橋家住宅

約300年前の官舎で武士の暮らしを見学

享保10年（1725）前後の建築と推定される、松本藩所有の藩士の住まい。現存する松本藩最古の武家住宅だ。古文書をもとに、幕末から明治初期の姿に復元修理し、武士の暮らしを伝える博物館として平成21年（2009）にオープンした。

☎0263-33-1818 住松本市開智2-9-10 料無料 時土・日曜、祝日の9時〜17時（最終入館は16時30分）休平日、12〜2月は平日、土曜、祝日 交JR松本駅から徒歩30分 Pなし MAP P104B1

実際に武家住宅の中に入って見学できる歴史博物館

▲館内では、江戸時代の松本に関する展示も行われている

松本城周辺

いけがみひゃくちくてい
池上百竹亭

昭和の落ち着いた風情を残す邸宅

明治生まれの呉服商池上喜作の旧邸。茶道、俳句、短歌などに造詣の深かった喜作が、多くの文化人とこの邸宅で交流を深めた。露地や竹林の閑靜な庭園は無料で見学可。茶室や和室の利用は要予約（有料）。

☎0263-32-0141 住松本市丸の内10-31 料外観見学無料 時外観見学9時〜16時30分 休月曜（祝日の場合は翌日）交JR松本駅から徒歩20分 P6台 MAP P104B2

◀京都から職人を呼び寄せ建てたという茶室。さりげない光の演出が見事

松本城北側の静かなエリアに、昭和33（1958）年に建てられた

▲竹の生い茂る静かな空間にたたずむ

歴史ある建物が醸す極上の空間
松本の憧れダイニングへ

文化財指定の建物や築100年を超える歴史的建造物が点在する松本。
そんな趣ある建物でいただくご馳走は、旅の思い出づくりにぴったり。

ナワテ通り周辺

れすとらん ひかりや
レストラン ヒカリヤ

日本料理とナチュラルフレンチをレトロ空間で堪能

松本の名門商家・光屋の130年以上前に建てられた屋敷
をリノベーションしたヒカリヤ。母屋を生かした日本料理の
「ヒガシ」、漆喰の蔵を使ったフレンチの「ニシ」がある。庭
園には縁起のよいイチョウやザクロの木が植えられ心和
む空間になっている。

🏠松本市大手4-7-14 🕐店舗により異なる 🚉JR松本駅から徒歩
15分 🅿13台 MAP P105F1
①ウエディングの会場としても使用されるおしゃれな空間 ②明治20年
(1887)に建てられた蔵屋敷

◇·◇·◇·◇·◇·◇·◇·◇·◇ 敷地内の2つのレストランをチェック ◇·◇·◇·◇·◇·◇·◇·◇·◇

素材の持ち味を生かすフレンチ
ひかりや にし
ヒカリヤ ニシ

明治時代の商家の蔵をリノベーションし、松本の文化を
継承したレストラン。ウェルネスガストロノミーを提唱す
る田邉真宏シェフは、熟練の調理と独創的な組み合わ
せで地元素材の本来のうま味を引き出し、料理を彩り豊
かに美しく仕上げる。

☎0263-38-0186 🕐11時30分～13時LO、18時～19時30分LO
🈺火曜ディナー、水曜 MAP P105F1

白木の民芸家具で
統一された店内

旬の食材が織りなす奥深いうま味を堪能
ひかりや ひがし
ヒカリヤ ヒガシ

光屋の母屋を使った重厚な店内で、自家菜園の野菜を
中心に信州産の素材を使った和食がいただける。髙橋
有希料理長は、あまり手を加えず素材の持ち味を最大
限に引き出し、野山の草木なども使い野趣あふれる料理
を提供している。

☎0263-38-0068 🕐11時30分～14時30分、18～22時 🈺水曜
MAP P105F1

畳の和室にテーブル
が配された個室

✛
ランチコース シャエラン
5000円
地場産の無農薬野菜をふんだんに使
用。全6皿のコースは2カ月ごとに内容
が変わり、メインは豚肉か魚を選べる

✛
ランチ限定 ミニ会席
4500円
月替わりの全8品のコース。信州サー
モンをはじめ厳選した信州産食材を
使い、素材の味わいを楽しめる会席

お昼のコースA
6050円

3カ月ごとに内容が変わるリーズナブ
ルなコース。高級食材を使った魚料
理と肉料理が同時に楽しめる

1 ナワテ通り周辺
れすとらんたいまん
レストラン鯛萬

クラシカルな店内で味わう正統派フレンチ

昭和25年（1950）の創業以来、多くの舌の肥え
たファンの心をつかんで離さないフレンチの老舗。
メインダイニングや個室の調度品はすべて松本民
芸家具で統一されており、重厚な雰囲気の中で一
流のサービスと正統派のフレンチを味わえる。

☎0263-32-0882 住松本市大手4-2-4 時11時30分〜
14時、17〜21時 休水曜 交JR松本駅から徒歩12分 P10台
MAP P105E1

1 メインの肉料理。仔牛の背肉のグリル コンデュモン ラビゴット カスレのイメージで
2 ツタの絡まる趣のある外観　**3** 創業時から使われている松本民芸家具

松本城周辺
あるもにー びあん
HARMONIE BIEN

歴史ある建物でいただくカジュアルランチ

国の登録有形文化財に登録されている旧銀
行の建物を利用したフレンチレストラン。1階
は結婚式の披露宴会場で、2階がレストラン
だ。安曇野産の野菜を中心に、信州の食材を
ふんだんに使った、華やかでリーズナブルな
料理が楽しめる。

☎0263-38-1155 住松本市大手3-5-15 時11時30
分〜14時LO,17時30分〜19時30LO 休火曜 交JR
松本駅から徒歩13分 Pなし MAP P104B2

シャルマン　2000円

ランチは季節ごとに替わる3つのコー
スがある。メインは魚か肉料理を選
べるものと、両方が付くものがある
（パン、コーヒーか紅茶付き）

1 旧第一勧業銀行松本
支店の建物をそのまま利
用　**2** 洗練された店内　**3**
建物内にはカフェスペース
もあり

HARMONIE BIENではフレンチのコースランチのほか、竹炭を使った「大名町カレー」が人気のビュッフェランチもおすすめです。

そばに馬刺しに山賊焼
松本名物グルメをいただきます

信州そばを鍋で温めて食べる、とうじそば、地元の人に昔から親しまれる馬肉。
店ごとに独自の味付けを凝らす鶏肉料理や山賊焼など、名物グルメを味わって。

そばきり みよた 松本店
奈川名物のとうじそば そばのあとの雑炊も

名物は松本市の奈川地区の郷土料理"とうじそば"。みすず細工に盛られたそばを籠に入れ、ツユをはった鍋に投じてさっと温めてから食べる。そばを食べ終えた後はそばの実を加えて雑炊としても味わえる。

☎0263-37-1434 住松本市中央2-1-24 営11時30分～15時、17時～20時30分(LOは閉店30分前) 休日曜(連休の場合は連休最終日) 交JR松本駅から徒歩6分 Pなし MAP P104B3

モラー皿

ざるそば760円。木祖村産の玄そばを石臼挽きにした二八そばは、細めでコシが強い

《おすすめメニュー》
安曇野御膳　1490円
そばおやき　1個260円
そばの実アイス　470円

とうじそばスペシャル2200円。とうじそばとせいろそば、そばの実に馬刺しが付く。シメは雑炊だ(写真は2人前)

松本民芸家具の椅子を使うなど店内は落ち着いた雰囲気

居酒屋 一歩
味噌ダレ使用の極うま山賊焼

「松本山賊焼応援団」の団長も務める店主が作る山賊焼は、国産鶏のもも肉を一枚を使い、信州味噌の特製ダレでじっくり味を染み込ませた逸品。サクッと軽い衣の中に閉じ込められた鶏肉のうま味がたまらない。☎0263-36-8484 住松本市大手4-10-17 営11時30分～13時30分LO、17時30分～深夜 休日曜 交JR松本駅から徒歩15分 Pなし MAP P104C2

信州松本山賊焼定食1200円。にんにく控えめ、しょうがたっぷり

《おすすめメニュー》
信州松本山賊焼カレー　1100円
自家製みそ肉　550円

座敷や小上がりも用意している

とうじそば、馬刺し、
山賊焼。
3つの地元料理を知る

とうじそばとは、いったんゆでたそばを野菜などを入れ味付けした鍋の中で少量ずつ温めながら食べる鍋料理。また信州では、馬肉の赤身や脂身などを刺身で味わう馬刺しも有名。山賊焼は、タレに漬け込んだ鶏もも肉や胸肉の一枚肉を油で揚げた料理。その名は、山賊はすべてをトリ、アゲルことに由来するとも。焼きと称すのは、昔は少量の油で揚げ焼きにしていたから。

ばにくばる しんみよし
馬肉バル 新三よし

自慢の馬肉料理を堪能

明治32年（1899）創業の老舗料理店で、1999年からは馬肉料理専門店として営業。赤身ユッケ、霜降りタタキ、すじ肉タルタル、ステーキ、寿司など、馬肉を使った独創的なメニューが豊富に揃う。

☎0263-39-0141 住松本市中央1-7-17毛利ビル1・2階 ◯11時30分～14時（13時30分LO）17時～21時30分LO 休無休 交JR松本駅から徒歩5分 Pなし MAP P104B3

《おすすめメニュー》
さくら刺5点盛り
極上霜降り

まろやかさくら鍋。馬肉を使ったすき焼。最後におろしリンゴを加えてまろやかな味にする

掘りごたつ式の客席は、落ち着けて居心地がいい

《おすすめメニュー》
からあげ定食　　580円～
山賊焼カレー　　1080円

山賊焼定食1078円。胸肉を1羽分使うので超ボリューミー！

家族連れにも人気

まつもとからあげせんたー
松本からあげセンター

唐揚げ専門店の技が光る山賊焼

山賊焼はもも肉を使う店が多いが、ここでは国産鶏の胸肉を使用。地元の醤油に信州リンゴやしょうがを混ぜた特製ダレに漬け込み、注文が入ってから揚げているので、非常にジューシーだ。

☎0263-87-2229 住松本市深志1-1-1 MIDORI松本店4階 ◯11時～19時30分LO 休無休 交JR松本駅直結 Pなし
MAP P104A4

げんちのそば
源智のそば

井戸から汲む湧水仕立ての二八そば

源智の井戸の隣にあるのがこちらのそば処。戸隠産100%のそば粉に、源智の湧水を使って打つ二八そばは、細切りながら豊かなそばの風味が広がる。

☎0263-33-6340 住松本市中央3-7-8 ◯10～18時（日曜は～15時）※売り切れ次第終了 休木曜（祝日の場合は営業）交JR松本駅から徒歩11分 P2台 MAP P105F2

《おすすめメニュー》
桜えびのかき揚げ天蕎麦　1200円
かけそば　　900円

ざるそば900円。しなやかな正統派の二八そば。ほどよいコシと甘みがある

店名は源智の井戸の"そば"にあることに由来

📖 「平成の名水百選」に選定され、昔から名水としても名高い「源智の井戸」は、城下町ができる以前から飲用水として利用されてきたそうです。

地元の人に愛される老舗カフェ
レトロな空間でひと休みを

松本には松本民芸家具を配するなど、木のぬくもりが感じられるカフェが多い。
丁寧に淹れられたコーヒーを味わう至福の時間を心ゆくまで。

松本城周辺
きっさしつ やとろおんかん
喫茶室 八十六温館

時の流れを忘れそうな
優雅で上品な空間

店名の「八十六温」はコーヒーを86℃のお湯で、鮮度のよい珈琲豆を丁寧にネルドリップすることに由来。50年前から変わらない味の「花月ブレンド」を自家製スイーツとともにゆっくり堪能したい。喫茶室の定番メニューをはじめ、欧風カレー、ハッシュ・ド・ビーフなどのランチメニューも充実している。

☎0263-32-0114（松本ホテル花月）🏠松本市大手4-8-9松本ホテル花月1階 🕗8時～16時30分LO 休無休 交JR松本駅から徒歩13分 P15台 MAP P104C2

❶松本民芸家具がゆったり配置され、アンティークな照明と調度品で優雅な雰囲気が漂う ❷マロンクリームと抹茶アイスの和テイストの季節のパフェ790円。内容は季節ごとに変わる ❸中町の裏手にある老舗ホテルの1階にある ❹弾力がありどこか懐かしい味わいのプリン400円

ナワテ通り周辺
こーひーさぼう かめのや
珈琲茶房 かめのや

昭和を彷彿とさせる純喫茶で
オリジナルコーヒーを

翁堂茶房の元店舗を継承し平成28年（2016）に開業。少し暗めのこぢんまりとした店内には、自家焙煎のコーヒーの香りが漂う。安曇野産のリンゴと豆を発酵させたオリジナルの信州林檎コーヒーもぜひ。

❶見た目もレトロなメロンフロート900円 ❷ガラス張りの店内から坪庭が見える。テーブルや椅子、シャンデリアも翁堂茶房の当時のまま

☎080-7480-9953 🏠松本市大手4-7-22 🕙10時～17時30分LO 休無休 交JR松本駅から徒歩13分 Pなし MAP P105F1

松本タウン ● 地元の人に愛されるレトロな老舗カフェ

中町通り周辺
こーひーまるも
珈琲まるも

民芸家具のインテリアで
重厚な雰囲気を演出

松本民芸家具の創立者・池田三四郎が、多くの人にこの空間を楽しんでもらうため昭和31年（1956）に改装し喫茶店兼旅館として開業。松本民芸家具のウィンザーチェアが並ぶ店内は、ブレンドコーヒー550円を飲みながらのんびり過ごす地元の人でいつも賑わっている。

❶明治21年（1888）築。旅館に併設する喫茶スペースとして設計されたが宿泊者以外にも開放 ❷渋皮モンブランのケーキセット900円 ❸川に面した手前が喫茶店、奥が旅館
☎0263-32-0115 住松本市中央3-3-10 ⏰9時〜16時（15時30分LO）休月・火曜（祝日の場合は営業）交JR松本駅から徒歩13分 Pなし MAP P105E1

❶ランプは創業時に作ってもらったもの ❷バニラアイスとモカアイス、自家製のコーヒーゼリーがのるモカパフェ780円、ブレンドコーヒー450円
☎0263-32-0174 住松本市深志1-2-8 ⏰7時〜18時30分（18時LO）休火曜 交JR松本駅から徒歩3分 Pなし MAP P104B4

松本駅周辺
こーひーびがくあべ
珈琲美学アベ

レンガの壁と
使い込んだ家具が調和

昭和32年（1957）開業。豆のまま仕入れて、店で粉にした後、一杯ずつ丁寧にネルドリップで抽出するためフレッシュなコーヒーを楽しめる。店内には音楽が流れ、飾られた絵や味わいのある調度品が置かれた居心地のよい空間で、上質なコーヒーを堪能したい。

中町通り周辺
さろん あず さろん
salon as salon

蔵をリノベーションした
スタイリッシュなカフェ

和風の空間に、北欧風家具を配したオシャレな雰囲気が魅力。季節により産地が変わる新豆コーヒーに手作りのケーキを合わせるのがおすすめ。1階が美容室、2階がカフェ。太い梁をそのまま生かした空間で、濃厚なバナナブレッドとやさしい味わいのコーヒーでくつろごう。

☎0263-34-1006 住松本市中央3-5-10 2階 ⏰11時30分〜17時LO 休月・火曜 交JR松本駅から徒歩15分 Pなし MAP P105F1

❶繭蔵だった土蔵を改装 ❷バナナブレッド（アイスクリームのせ）500円、新豆コーヒー550円

モーニングを提供しているお店も多いので、朝からゆったりと"喫茶店のモーニング"を楽しんでみましょう。

作家の一点ものや北欧陶器…
かわいいクラフトショップ巡り

民芸家具を育んだ松本には、おしゃれなクラフト小物を扱うショップがたくさん。
作家が一点一点作り上げる木工品、陶芸品などお気に入りを探しに行きましょう。

唯一無二の
木目が美しい

木のカップ
5280円
松本在住の木工作家・木村毅さんの作品

りんご皿
1100円
陶芸作家・岡本一道さんの作品。りんごはしおき550円などシリーズ展開しているので、揃えるのもおすすめ

ミルクピッチャー
2750円
シンプルで飽きのこないデザイン。松本在住の陶芸作家・田中一光さんの作品

洋白と真鍮のブローチ
4000円
信州新町在住の松尾三千子さんの作品

カップ＆ソーサー
3300円
手作業で作られているため、同じ商品でも少しずつ描かれている絵柄や形が異なる

かわいい
サフラン柄

マルチプレート
4400円
クジャクの羽根をモチーフにした、ポップなドヌーブ柄

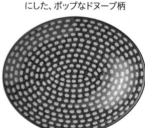

子うさぎの置物
各2090円
ピエニレッド子うさぎ（左）、ピエニブルー子うさぎ（右）

中町通り周辺
地元作家の魅力ある木製小物や陶器
ぐれいん のーと
GRAIN NOTE

築70年超の建物を改築した店内には、地元作家を中心に木製小物や陶器、ガラス製品などが並ぶ。2階では木工作家であるオーナーのテーブルや椅子を展示販売。
☎0263-32-8850 住松本市中央3-5-5 営10～18時 休水曜 交JR松本駅から徒歩14分 Pなし MAP P105E1

ナワテ通り周辺
普段の食卓を彩るカラフルな食器の数々
せらみか まつもと
セラミカ 松本

ポーランド国内で作陶が盛んな街・ボレスワヴィエツのトップメーカーであるセラミカ・アルティスティッチナ社の製品を専門に扱う。
☎0263-31-3177 住松本市大手4-4-2 営11～17時 休水曜（祝日の場合は営業） 交JR松本駅から徒歩13分 P要問合せ MAP P105F1

セラミカ 松本
併設のカフェで
優雅なひとときを

併設のセルフカフェでは、セラミカの食器で、コーヒーなどのドリンクやオリジナルの焼菓子などを楽しむことができる。上質な空間でのんびりくつろぎたい。

実用性の高いデザイン

食卓がパッと楽しく！

急須
1万4300円
加藤財さん作の急須。美しいたたずまいで、お茶がおいしくなりそう

パスケース
1万6500円
ブランドYASHIMAが手がける革製品。伝統の美にモダンデザインを取り入れた

きのこの七味入れ
1320円
きのこの形をした木製の七味入れ。思わず連れて帰りたくなるアイテム

アクセサリー
3080円～
陶器作家・POTTERY STUDIO Kさんが手がける、おみやげにぴったりな小物

厚手グラス 4950円（左）
三角グラス 6050円（右）
吹きガラスの技法を生かし、器の影が花のように浮かび上がる境田亜希さん作のはかなげシリーズ

糸杉並木の道
3300円
長南芳子さんの真鍮のオブジェ、どこか遠くにある街シリーズ

カップ
2640円
安曇野在住の作家・大﨑陽子さんが作るマグカップ

アクセサリー
2980円～
人気フェルト作家motaco.さんのハンドメイド作品

中町通り周辺

暮らしの中で使う美しくてよいもの

ぎゃるりかいげつ
ギャルリ灰月

国内外の作家が手がける陶器や木工、ガラス作品が並ぶセレクトショップ。着心地のよい洋服や革のバッグも揃う。
☎0263-38-0022 住松本市中央2-2-6 2階 ◯11～18時（3～12月以外の金・土曜は～19時）休火・水曜（祝日の場合は営業）交JR松本駅から徒歩8分 Ｐなし MAP P105D2

ナワテ通り周辺

ポップでキュートな日用雑貨ならおまかせ

ぴの りぶろ
Pino Libro

毎日の暮らしにワクワクを与えてくれるような、普段使いの生活雑貨を中心にセレクト。作家さんの食器やアクセサリーが充実している。
☎0263-41-0234 住松本市大手4-3 ◯12～17時（季節により変動あり）休不定休交JR松本駅から徒歩13分 Ｐなし MAP P105E1

 ギャルリ灰月では、食器や洋服、インテリアなど多岐にわたる企画展を開催しています。（期間、テーマは要問合せ）

松本民芸＆松本民芸家具の歴史を知って、魅力にふれよう

松本で300年以上続く家具作りの伝統と、民芸運動との出合いから生まれた
松本民芸家具。その誕生の歴史を知り、松本に根づいた民芸の魅力にふれてみよう。

日常の美を再発見 民芸運動が全国へ

民芸運動とは、大正末期に思想家の柳宗悦が中心となって提唱した生活文化運動。無名の職人の手仕事で生まれる生活道具には、地域性や使い勝手などから生み出される「用の美」があると、芸術鑑賞とは異なる新たな美意識を提示した。大量生産や西洋化が進む日本で失われつつある、日本各地の手仕事の文化を保護する願いも込められていた。柳は、陶磁器や染織物、木工品などの生活道具を民芸(民衆的工芸)と名付け、日本各地で民芸の技術の復興や普及、新たな製品作りを推進した。

民芸運動で復興した 松本の家具作り

松本に民芸運動の波が届いたのは戦後に入ってから。松本出身の木工家・池田三四郎は、柳宗悦の講演に感銘を受けて民芸運動に加わった。松本で盛んだった和家具の生産は、終戦後に休止状態に陥っていた。池田は職人を育成して新たな家具作りに取り組み、昭和23年(1948)に「松本民芸家具」を創業。民芸の力で、松本の木工業を再生させた。市内にある工芸店「ちきりや」を創業した丸山太郎も民芸運動の賛同者。民芸品を蒐集・制作し、松本民芸館を創設して民芸運動の普及に貢献した。

民芸の精神が息づく松本ホテル花月。「喫茶室 八十六温館」に松本民芸家具が並ぶ

クラシカルで上質 松本民芸家具の魅力

松本民芸家具は、和家具の伝統技術と洋家具の技術やデザインが融合した和風洋家具。国産のミズメザクラを主要材に、可能な限り手作りして、漆・ラッカー塗りで丁寧に仕上げられる。飽きのこないシンプルで洗練されたフォルム、無垢材のぬくもりとクラシカルな重厚感が魅力。日本の伝統技術の組手・継手などを駆使して組み上げた家具は耐久性に優れ、使い込むほどに風合いが増す。椅子やテーブル、収納家具など、ラインナップは多彩。一生モノとして愛用し続けたい逸品だ。

背中の特徴的な装飾はリボンバックとよばれる。すべて職人が手作業で削り出す

脚部の絶妙なアールは堅牢だが優美な印象を与えてくれる

天板と脚部の接合には釘や糊を一切使用しない伝統技法が用いられている

背中と肘掛けはナラ材を曲げている。脚部との連結にはクサビを打ち込んでゆるみを防ぎ、堅牢に組み上げている

C型食卓

洋家具でありながら、どことなく和の風情を漂わせる食卓。ミズメザクラの木目を生かした天板の光沢が美しい。

座面のくぼみは電動工具を使わず鉋(かんな)で加工。職人の感覚のみが頼りだが、ほぼ均一に仕上がる

#44型ウインザーチェア

松本民芸家具の象徴ともいえる製品。硬い木の座面だが、座ってみると心地よく疲れにくいことがよくわかる。

松本市内で、松本民芸にふれる

民芸の街・松本の魅力にふれられるスポットを訪ねてみよう。
松本民芸家具のショールームや民芸品を展示する資料館など、「用の美」を体感してみて。

まつもとみんげいかん

松本民芸館

国内外の多様な民芸に親しむ

ちきりや工芸店の創業者で、民芸運動に共鳴した丸山太郎が蒐集した国内外の民芸コレクションを展示する資料館。陶磁器や漆器、染織物、家具など約6800点を収蔵。日用品のもつ美しさにふれられる。

☎0263-33-1569 🏠松本市里山辺1313-1 🅨入館310円(中学生以下無料) 🕘9〜17時(入館は〜16時30分) 🈺月曜(祝日の場合は翌日) 🚃JR松本駅から車で15分 🅿20台 MAP P103E3

①談話室のシックなテーブルと椅子は和室にも洋室にも似合う ②2階の展示室には陶磁器やガラス器が並ぶ ③蔵造りの建物や庭も風情がある

まつもとみんげいかぐ ちゅうおうみんげいしょーるーむ

松本民芸家具
中央民芸ショールーム

松本民芸家具を体感できる場所

松本民芸家具の直営のショールーム。多彩な製品を常時400点ほど展示する。製品の魅力を見て、ふれて体感できる。国内外から集めた器や布類などの手仕事の生活用品も数多く展示販売している。

☎0263-33-5760 🏠松本市中央3-2-12 🕘9時30分〜17時30分 🈺無休 🚃JR松本駅から徒歩12分 🅿なし MAP P105E1

①座り心地や細部の美しさもじっくり楽しみたい ②家具類は高価だが、手の届きやすい小物もある ③まじめに手仕事された陶磁器や織物も並ぶ

ちきりやこうげいてん

ちきりや工芸店

普段使いしやすい民芸品

松本民芸運動の担い手・丸山太郎氏が昭和22年(1947)に開店。益子や小鹿田の陶器、沖縄のガラス器、染織物など全国から集めた品が豊かに揃う。

☎0263-33-2522 🏠松本市中央3-4-18 🕘10時〜17時30分 🈺火・水曜(祝日の場合は営業・振替不定) 🚃JR松本駅から徒歩15分 🅿なし MAP P105F1

①実用的な器からおもしろいアジアの雑貨まで豊富 ②特有の色とデザインが特徴的な沖縄・壺屋焼のお皿 2650円

旬のフルーツから伝統和菓子まで 和洋スイーツをおみやげに

言わずと知れた果樹王国、信州。リンゴをはじめ、フルーツを使ったスイーツは外せません。老舗和菓子店の伝統的な和菓子や、愛らしいレトロな洋菓子にも心惹かれます。

果物が主役のスイーツ

生ゼリー
各550円

旬のフルーツがたっぷり。季節替わりで約10種類ある ❶

鉄板ではさみ焼き

りんごクラッカー
5枚入り580円

生地の上にカットしたリンゴをのせ、カリッと焼き上げたクラッカー ❷

ほっこりするおいしさ♪

ミミーサブレ
5枚入り400円

シンプルで懐かしい味わい。オウムのキャラクターがかわいいパッケージ ❸

信州産素材にこだわる!

雪どけりんごパイ
1500円

信州産リンゴを使用し、しっとり焼き上げている。おみやげに最適 ❷

外はさっくり中はしっとり

りんごバターブッセ
1個200円

信州リンゴジャムと濃厚なバターをブレンドした特製クリームをサンド ❷

品切れの際はご容赦ください!!

タヌキケーキ
1個330円

ひとつひとつ表情が異なる、バタークリームを使ったレトロかわいいケーキ。人気で品切れになることもある ❸

中町通り周辺
❶ フルーツ ダイニング SHUN
ふるーつ だいにんぐ しゅん

松本市公営市場の仲卸が営むフルーツ専門店。旬の果物を中心に、その時期に一番おいしいフルーツを提供。

☎0263-50-4355 住松本市中央4-9-51 イオンモール松本晴庭1階 ⏱10〜21時 休無休 交JR松本駅から徒歩20分 PイオンモールＰ松本駐車場利用 MAP P105D3

中町通り周辺
❷ POMGE cidre & bonbon
ぽむじぇ しーどる あんど ぼんぼん

信州産フルーツを使ったスイーツ、長野県産シードル、ジャムやジュレなど、信濃のフルーツの魅力がたっぷり。

☎0263-31-0333 住松本市中央2-20-2 信毎メディアガーデン2階 ⏱11〜19時 休信毎メディアガーデンに準ずる 交JR松本駅から徒歩10分 Pなし MAP P105D2

ナワテ通り周辺
❸ 翁堂 本店
おきなどう ほんてん

ユニークな形の和・洋菓子が話題の老舗。ケーキ、クッキーなど動物の形をしたレトロな洋菓子のほか、微笑んだ顔が印象的な翁最中1個140円も。

☎0263-32-0183 住松本市大手4-3-13 ⏱9〜18時 休水曜 交JR松本駅から徒歩13分 Pなし MAP P105E1

ふわふわのパンに
バタークリームたっぷり!
信州名物「牛乳パン」

手間を惜しまず昔ながらのパン作りを続ける老舗パン店「小松パン店」。地元の人に愛される牛乳パン389円は前日までの予約にて販売。
☎0263-32-0172
MAP P104C2

ゲラント塩をまぶした塩味も!

極上フレッシュバターを使用

ピジュトリー

松本てまりの形のバウムクーヘン

モカロール
1本1188円

9月中旬ごろから6月までの期間限定販売。モカスポンジでモカクリームを巻いた人気商品 ④

ピジュトリー
150g箱入り2160円

10月〜4月下旬までの期間限定販売。ナッツをチョコレートで包んだ商品。50g袋入り735円も販売 ④

てまりん
2800円

中は栗餡と小布施の栗甘露煮が。ころんとかわいいバウムクーヘン ⑥

2層の生地で独特の食感!

ほんのりお米の香り

売り切れ必至の人気ケーキ!

ナッツロール
1本1350円

シュークリームの皮をまとった生地でバタークリームを巻いた定番のロールケーキ。個包装されたひと切れロール8個入り2236円も用意している ④

ショコラ・オ・フロマージュ
ホール1600円

手作りのヨーグルトとサワークリーム、やや固めのクリームチーズを使用。酸味と甘みのバランスが絶妙! カット230円 ⑤

みのりホール(S)
1500円

定番のバウムクーヘン。信州産コシヒカリを使用し、しっとり焼き上げた ⑥

中町通り周辺
かいうんどう
④ 開運堂

130年の歴史を誇る老舗和菓子店。砂糖と蜂蜜を練り合わせた真味糖をはじめとした伝統の和菓子だけでなく、ロールケーキなどの洋菓子も充実。
☎0263-32-0506
松本市中央2-2-15 ⊙9〜18時 休無休 交JR松本駅から徒歩7分 P2台
MAP P105D2

ナワテ通り周辺
おーくら
⑤ Ohkura

手作りチーズケーキ専門店。イタリアやフランスなどのチーズを使い、常時5〜6種類を販売している。タルト・オ・フロマージュ1カット230円なども。
☎0263-34-5131 住松本市大手4-2-8 ⊙10〜17時(売り切れ次第終了) 交JR松本駅から徒歩13分 Pなし MAP P105E1

中町通り周辺
しんしゅうまつもとばうむくーへんこうぼう てまりや
⑥ 信州松本バウムクーヘン工房てまりや

信州産の米粉や玄米粉、小布施の栗など県産の食材を使って店内で焼き上げたバウムクーヘンが人気。
☎0263-39-5858 住松本市中央2-4-15 ⊙10〜17時 休第2・4木曜 交JR松本駅から徒歩15分 Pなし MAP P105E1

📖「POMGE(ポムジェ)」の店名は、長野を代表するリンゴと成長を表す芽吹きの意のフランス語を掛け合わせて名付けたそうです。

ココにも行きたい
松本のおすすめスポット

ふかしじんじゃ　深志神社

市民に親しまれる天神さま

暦応2年（1339）創建の古社で、城下町の鎮護の神として、歴代の城主たちにも厚く敬われてきた。荘厳な本殿や優美な神楽殿もみどころ。7月25日には神輿と舞台が出る華やかな例大祭が行われ、夏を告げる風物詩として親しまれている。学問の神様・菅原道真公を祀り、受験や七五三シーズンには多くの参拝者が訪れる。祈願絵馬は500円。

DATA☎0263-32-1214 住松本市深志3-7-43 Y休境内自由 交JR松本駅から徒歩10分 P70台 MAP P104C4

朱塗りの拝殿は優美な印象

松本市の中心部にありながら、厳かな雰囲気に包まれた神社

じだいおくれのようしょくや おきなどう　時代遅れの洋食屋 おきな堂

松本市民に愛される洋食店

創業80余年の洋食店で、昔ながらの手作り洋食が人気。名物の安曇野産ポークステーキ1800円は、200g超のロースを、じっくり焼き上げた逸品。自家製のアップルソースをお好みで。

DATA☎0263-32-0975 住松本市中央2-4-10 時11～15時LO,17時30分～20時30分LO（日曜11～18時LO）休第2・4水曜 交JR松本駅から徒歩10分 P契約駐車場利用 MAP P105E1

うすやきかふぇ まめまめ　うす焼きカフェ 豆まめ

惣菜系からスイーツ系まで揃う

うす焼きは小麦粉に地元の豆や野菜を入れて焼き上げた、おやつにも食事にもなる信州の郷土食。地元の温泉水を使ったものなどバラエティ豊か。店内で食べたり、食べ歩きにぴったり。各種200円～。

DATA☎0263-87-6624 住松本市中央3-11-5 時9～18時（モーニング9～11時）※季節によって変動あり 休火・水曜 交JR松本駅から徒歩15分 Pなし MAP P105F1

じゅれ ぶらんしゅ　Gelee Blanche

蔵の中でチーズを堪能

フランスチーズ鑑評騎士の称号をもつ霜田さんが運営するチーズショップ＆ダイニング。ヨーロッパ産から、長野県産のチーズまで多彩に揃っており、豊富なワインや個性あふれる地酒と一緒に楽しめる。チーズ盛り1540円～。

DATA☎0263-33-2252 住松本市大手2-10-2 時13～23時（日曜12～21時）※要確認 休月曜、第3日曜 交JR松本駅から徒歩10分 Pなし MAP P104A2

きそや　木曽屋

素朴な郷土料理に舌鼓

明治20年（1887）創業の老舗で、純和風の雰囲気に松本民芸家具の調度品が見事にマッチ。豆腐田楽5本450円や田楽定食1000円、鯉のうま煮1100円、手打ちそば850円など手作りの郷土料理が食べられる。

DATA☎0263-32-0528 住松本市大手4-6-26 時11時30分～14時30分LO、17～20時LO 休火曜 交JR松本駅から徒歩15分 P7台 MAP P105F1

しおりび　栞日

こだわりの本が並ぶブックカフェ

カフェと書店を融合させた店。大手書店にはなかなか並ばないリトルプレスなど、オーナーのセレクトした本がずらりと並ぶ空間にテーブルやソファが配置されている。本を読みながらコーヒーを飲んでいると時が経つのを忘れてしまう。

DATA☎0263-50-5967 住松本市深志3-7-8 時7～20時 休水曜 交JR松本駅から徒歩10分 P5台 MAP P104C4

なかまち かふぇ　NAKAMACHI CAFÉ

パンケーキが人気のカフェ

地元産の小麦粉を使用し、自家製法で焼き上げるスフレパンケーキが人気のカフェ。おすすめはミックスベリーパンケーキ1100円。提供するコーヒー470円～は向かいの姉妹店で自家焙煎をしている。

DATA☎0263-50-6069 住松本市中央3-3-17 時10～17時LO 休木曜（祝日の場合は営業）交JR松本駅から徒歩12分 Pなし MAP P105E1

きとがらすのうつわ もく ぎゃらりー かふぇ　木と硝子の器 沐 gallery cafe

センスが光るギャラリー＆カフェ

長屋をリノベートした店舗で木と硝子を合わせたグラスを販売。オーナー手がける持ち手とプレートを組み合わせた器6000円～を販売。

DATA☎070-3778-1486 住松本市深志3-1-7 時11～16時（金・土曜は18～21時も営業）休火～木曜 交JR松本駅から徒歩10分 Pなし MAP P104C4

御菓子処 藤むら
おかしどころ ふじむら

中町通りにある老舗菓子店

昭和13年（1938）創業の地元で人気の和菓子店。フレッシュバタークリームと自家製仕込みのラムレーズンを使用した、れぇずんくっきぃ1個189円。特製餡をクッキー生地に包み焼き上げた和洋折衷なやさしい味わいの開莱1個180円。

DATA ☎0263-32-1421 ⏺松本市中央2-9-19 ⏺9～18時 ⏺水曜 ⏺JR松本駅から徒歩12分 ⏺1台 **MAP** P105E2

マサムラ
まさむら

正統派の洋菓子が充実

市内随一の人気を誇る老舗洋菓子店。人気は天守石垣サブレ（1個216円）。詰め合わせ各種あり）。一口サイズで食べやすい定番のベビーシュークリーム1個151円は、やわらかなシュー生地にカスタードクリームがたっぷり入り、手みやげにもおすすめ。

DATA ☎0263-33-2544 ⏺松本市深志2-5-24 ⏺9～18時 ⏺火曜 ⏺JR松本駅から徒歩6分 ⏺8台 **MAP** P104B4

しづか
しづか

地元で評判の民芸居酒屋

創業した昭和20年（1945）から守り続ける味で、多くの人を魅了する。12～14時限定の人気ランチメニューは焼き鳥丼や、おでん定食各990円。夜は地鶏の焼き鳥220円～や、馬刺し1980円などと合わせて日本酒を楽しもう。

DATA ☎0263-32-0547 ⏺松本市大手4-10-8 ⏺12～22時 ⏺日曜、祝日（振替休日あり）⏺JR松本駅から徒歩15分 ⏺12台 **MAP** P104C2

ベラミ人形店
べらみにんぎょうてん

松本の伝統人形を扱う店

松本地方の郷土人形の伝統と歴史を現代に伝えている。松本押絵雛や松本姉様人形、松本まりなど、どれも素朴な風合い。おみやげ用には七夕人形670円～が人気。厚紙に綿をのせ布で包んだ松本押絵雛は6215円程度。

DATA ☎0263-33-1314 ⏺松本市中央3-7-23 ⏺10～18時 ⏺水・木曜、不定休あり ⏺JR松本駅から徒歩10分 ⏺1台 **MAP** P105F2

TOCA by lifart...
とーか ばい りふあーと...

雑貨を全国からセレクト

ナワテ通りの東端にある、キャンドル作家の西牧隆行さんが営む雑貨のセレクトショップ。シンプルなデザインながら使いやすい生活雑貨の品揃えに時間を忘れて見入ってしまう。暮らしのアクセントになるユニークな品揃え。

DATA ☎0263-87-8942 ⏺松本市大手4-3-17 ⏺12～19時 ⏺水・木曜（祝日の場合は営業）⏺JR松本駅から徒歩13分 ⏺なし **MAP** P105E1

松本ブルワリータップルーム中町店
まつもとぶるわりー たっぷるーむなかまちてん

松本のクラフトビールで乾杯!

松本の豊富な水を使って仕込んだクラフトビールが楽しめる。ボトルビール495円～。定番のビールに加え、シーズナルビールも登場。価格は1/2パイント620円～、1パイント920円～。

DATA ☎0263-31-0081 ⏺松本市中央3-4-21 ⏺13～19時 ⏺火曜 ⏺JR松本駅から徒歩12分 ⏺なし **MAP** P105E1

手仕事商會 すぐり
てしごとしょうかい すぐり

土蔵に広がる松本手作りワールド

築140年余りという土蔵の1階では木工やガラスなど、国内外の作家の作品やオリジナルグッズを販売。2階では企画展やワークショップを開催している。オリジナルグッズのほか生搾りレモンのドリンクも販売する。

DATA ☎0263-33-7736 ⏺松本市中央3-2-13奥の蔵 ⏺11～17時 ⏺水曜（1・2月は水・木曜）⏺JR松本駅から徒歩12分 ⏺なし **MAP** P105E1

林檎の湯屋おぶ～
りんごのゆやおぶ～

多彩な湯船の入浴施設

アルプス山系の伏流水を地下から汲み上げ、ナノテクノロジー技術を使い、体にやさしい水に変えて使用。湯船は全18種類あり炭酸泉やロウリュサウナ、岩盤温浴などが人気。

DATA ☎0263-24-2602 ⏺松本市石芝3-9-44 ⏺入浴750円（土・日曜、祝日850円）⏺9～23時（最終入場22時30分）⏺無休（メンテナンス休館あり）⏺JR松本駅から車で15分 ⏺250台 **MAP** P101E4

 深志神社の境内3カ所の手水には、湧水が使われていて、容器を持参すれば汲んで持ち帰ることができます。

清らかな湧水あふれる城下町の 名水と井戸を知る

松本城周辺には井戸や湧水が多数あり、「まつもと城下町湧水群」とよばれています。
含有ミネラルの違いで、水源ごとに微妙に味が異なる湧水を味わってみませんか？

{ 山と川が囲む地形が 松本の湧水を生む }

豊かな水の源は、北アルプスをはじめとする周囲の山々に降った雪や雨が、地下深く染み込んだもの。それが女鳥羽川や奈良井川など、幾筋もの川として流れ下り、地下に豊富な水を貯える扇状地を形成している。その扇状地の上に位置するのが松本市で、地下の豊富な水が、市内各所から湧き出しているのだ。その水質と美しい景観は「平成の名水百選」、「観光地として素晴らしい名水部門」第3位に選ばれている、折り紙付きだ。

{ 豊かな川の流れが 人々の暮らしを支える }

尽きることなく湧き出す清らかな水は、松本の染物文化を育み、市街地では水路として整備された。江戸時代には庶民の生活用水、防火用水として重要な役割を果たした。当時城下には、澄んだ水を使った豆腐屋が数多く存在したという。水温は、一年を通して12〜14℃程度。特産品の漬物の野菜を洗ったり、野菜や飲み物を冷やしたりと市民の暮らしの中に常に流れてきた。現在も水道水源としても人々の生活を支え続けている。

四柱神社のそばにある、なわて若返りの水

中町通りにある中町蔵の井戸

松本神社前井戸
縁結びの神社として知られる神社境内にある

北馬場柳の井戸
もともと松本城の総堀があった場所

松栄の湧水
昔から自噴してる井戸。飲用はできない

鯛萬の井戸
かつての料亭「鯛萬」跡にある井戸

国宝 松本城

松本市役所

大名小路井戸
大名町通りに面し、豊富な水量を誇る井戸

女鳥羽の泉
市街地唯一の醸造元「善哉酒造」前の湧水

観光情報センター

東門の井戸
名称は松本城の東門馬出跡に由来

伊織霊水
農民の救済に尽くした鈴木伊織墓所脇にある

なわて若返りの水
平成29年（2017）に誕生。観光客にも人気

イオンモール松本

日の出の井戸
モダンなデザインが施された井戸

松本市時計博物館

中町蔵の井戸
造り酒屋の前にある手押しポンプの井戸

亀の泉
病院の専用水道としても利用されている

松本市美術館

深志の湧水
松本駅お城口前広場にある湧水井戸

源智の井戸
昔から水質が評判。今も多くの人が利用

まつもと市民芸術館

源地の水源地井戸
江戸時代から利用されている市の水源の一つ

松本神社
松本市役所
四柱神社 ナワテ通り
女鳥羽川
中町通り
深志神社
篠ノ井線・大糸線
アルピコ交通 上高地線
松本駅

北アルプスの山々を望む安曇野へ。
清らかな名水の里に出かけましょう

清々しい風を感じながら、北アルプスを望む
のどかな安曇野の田園地帯をサイクリング。
清らかな湧水や緑の中にある美術館、
産直野菜グルメが心と体を潤してくれます。

これしよう！
自転車専用道で
サイクリング

JR穂高駅前などでレンタル可能。田園風景をのんびり走ろう。（☞P46）

これしよう！
自分好みで
手作り工芸体験を

多様な工房が多く、旅行者でも各種製作体験ができる。（☞P50）

広域を巡るなら
安曇野周遊バスが便利

JR穂高駅を起点に、安曇野ちひろ美術館方面、国営アルプス安曇野公園方面など、3ルートある。運行日は要確認。☎0263-82-9363（安曇野市観光情報センター）¥1回乗車600円、1日乗車券1000円
www.azumino-e-tabi.net/

シェアサイクルを利用して
安曇野を巡る

安曇野シェアサイクルなど、貸出・返却のステーションが充実している。（☞P47）

これしよう！
広大な農場で
わさび三昧

緑と水に包まれた、大王わさび農場。レストランやカフェも併設。（☞P44）

山麓に広がる、のどかな田園地帯

安曇野
あづみの

大王わさび農場の「わさびワイン」

こんなところ

西に北アルプスの山々を望む安曇野は、心地よい風が吹き抜ける名水の里。生産量日本一を誇るわさびをはじめ野菜やそばの栽培が盛んで、ヘルシーグルメが楽しめる。自然と共存する美術館も多数点在。絶景、食、アートと、魅力いっぱいのエリアです。

access

●JR松本駅からJR穂高駅へ大糸線（普通）で約30分。1時間に1〜2本の運行。一部の特急列車も利用可。

●安曇野ICからJR穂高駅へ国道147号などを経由して、約8km、約15分。

問合せ
☎0263-82-9363
安曇野市観光情報センター
MAP P107C3

～安曇野 はやわかりMAP～

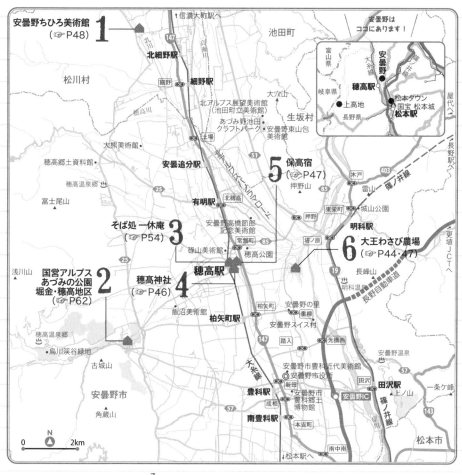

安曇野ちひろ美術館
（☞P48） **1**

信濃大町駅へ→

池田町

北細野駅

細野駅

松川村

安曇野はココにあります！

富山県
岐阜県
長野県

北アルプス展望美術館
（池田町立美術館）

大穴山

あづみ野池田
クラフトパーク・安曇野東山包
美術館

生坂村

大熊美術館

穂高郷土資料館

安曇追分駅

5 保高宿
（☞P47）

穂高温泉郷

有明駅

押野山

木戸

雷山

城山公園

富士尾山

そば処 一休庵
（☞P54） **3**

安曇野高橋節郎部
記念美術館

常盤町

東栄町

押野

明科駅

碌山美術館

穂高公園

滝ノ原

長野自動車道へ

6 大王わさび農場
（☞P44・47）

明科温泉

浅川山

国営アルプス
あづみの公園
堀金・穂高地区
（☞P62） **2**

穂高神社
（☞P46） **4**

穂高駅

明科温泉

重柳

長峰山

更埴JCTへ

穂高温泉郷

飯沼美術館

柏矢町駅

柏矢町

安曇野の里

烏川渓谷緑地

古城山

安曇野スイス村

安曇野温泉

安曇野市

安曇野市豊科近代美術館
安曇野市役所

田沢駅

角蔵山

豊科駅

安曇野市
豊科郷土
博物館

新田

成相

安曇野IC

上ノ山

一条ケ峰

南豊科駅

本吉町

↑松本駅へ

南中南→

松本市

0　2km

安曇野
屋代駅へ

大糸線

信濃大町駅へ

犀川

穂高川

安曇野
大糸線

穂高駅

上高地

松本タウン
国宝 松本城
松本駅

篠ノ井線

安曇野ちひろ美術館（☞P48）／保高宿（☞P47）／そば処 一休庵（☞P54）／大王わさび農場（☞P44・47）／国営アルプスあづみの公園 堀金・穂高地区（☞P62）／穂高神社（☞P46）

おすすめコースは

7時間

午前中は美術館や公園を巡りリフレッシュ。名物のそばを堪能したら、午後は神社や旧宿場町で歴史を感じたい。大王わさび農場では、特産のわさびを使った商品をおみやげに。

スタート		1	2	3	4	5	6	ゴール
		見る	見る	食べる	見る	見る	買う	
穂高駅	▶ あづみ野周遊バス22分	安曇野ちひろ美術館	▶ あづみ野周遊バス35分	▶ レンタサイクルで25分	▶ レンタサイクルですぐ	▶ レンタサイクルですぐ	▶ レンタサイクルで15分	▶ レンタサイクルで15分 穂高駅

（実際の表記）

| スタート | | 1 | | 2 | | 3 | | 4 | | 5 | | 6 | | ゴール |

穂高駅 ▶ あづみ野周遊バス22分 安曇野ちひろ美術館 ▶ あづみ野周遊バス35分 国営アルプスあづみの公園堀金・穂高地区 ▶ レンタサイクルで25分 そば処 一休庵 ▶ レンタサイクルですぐ 穂高神社 ▶ レンタサイクルですぐ 保高宿 ▶ レンタサイクルで15分 大王わさび農場 ▶ レンタサイクルで15分 穂高駅

北アルプスの湧水をたたえる
安曇野の原風景・大王わさび農場へ

豊かな湧水が流れるわさび田と北アルプスを望む風景に癒やされ散策を楽しめます。
新鮮な生わさびの味わいを堪能できる料理の数々は、ぜひ味わいたい逸品。

一面に広がるわさび田。園内にはわさび田を縫うように散策路が続く

だいおうわさびのうじょう
大王わさび農場

絶景とグルメのテーマパークへ

南北約1kmにおよぶ広大なわさび農場には、北アルプスの伏流水と緑のわさび田が織りなす絶景が広がり、わさびグルメや散策などゆったりとした時間を過ごせる。わさびを使ったおみやげも旅の記念にぜひ。

☎0263-82-2118 住安曇野市穂高3640 ¥入園無料 ⏰8〜17時(季節により異なる) 休無 交JR穂高駅から車で10分 P380台 MAP P106C3

わさび漬【さけかす】350円。豊かな湧水で育ったわさびを熟成酒粕に漬け込んだこだわりの逸品

check!
わさびみやげハント

大王わさび農場でとれたわさびを使用したこだわりの商品をチェック! わさび関連の商品のほか、信州の特産品も揃う。

わさび八味450円。七味に大王産わさびを加えて八味に。そばや味噌汁に

おろし生わさび1000円。大王わさび農場で収穫した本わさびを使用。刺身や肉料理にぴったり

旅わさび「ねって辛」1000円。水を加え練るだけで本わさびになる粉末わさび。大王産わさび100%使用で常温・長期保存可能

44

わさびのオブジェがお出迎え！
大王わさび農場にあるわさびのオブジェは、背景に雄大なわさび田が広がり、記念撮影にぴったり。園内には3つの水車小屋や湧水に架かる橋など、絶好の撮影スポットが点在。

園内の真ん中にある小高い丘にある

あるぷすてんぼうだい
アルプス展望台
眼下のわさび田と北アルプスの絶景
わさび田の向こうに北アルプスや有明山の眺望が広がり、春には桜の花が咲く。

カップルで渡ると幸せになるという、人気のスポット！

だいおうじんじゃ
大王神社
伝説の八面大王を祭る小さな社
坂上田村麻呂によって倒されたとされるこの地の豪族・八面大王を祭る神社。

大男だったという大王にちなんで奉納された大きなわらじ

さいわいのかけはし
幸いのかけ橋
わさび田に架かるフォトスポット
わさび田を流れる湧水と農場を一望する木製の橋。わさび田をバックに撮影しよう。

しんすいひろば
親水広場
農場のわさびを育む湧き水に触れられる広場
毎日12万tの北アルプスの伏流水が湧き出る、農場の一角にある湧水体験ができる広場。

水温13℃前後のひんやりとした湧き水に直接触れられる

すいしゃごや
水車小屋
明治時代の水車小屋を再現した農場のシンボル
透明な水がゆったり流れる蓼川にある水車小屋。映画のセットとして造られたものが3つある。

もとは黒澤明監督の映画『夢』のために造られた水車小屋

こちらもCHECK！

れすとらん おあしす
Restaurant OASIS
わさびとよく合う肉料理
信州産を中心とした肉や新鮮野菜を使ったグリル料理、カレーなどが味わえるレストラン。わさび田を望むテラス席も。本わさびとグリル信州太郎ぽーく(100g)1100円～。🕙10時～15時30分LO

ゆうすいめしがま だいおうあん
湧水飯釜 大王庵
湧水で炊いたご飯と味噌汁
湧水で炊いたおいしいご飯と具だくさんの味噌汁が自慢の和食処。生わさびをすって薬味と一緒にご飯に混ぜて食べる、本わさび飯1000円が名物。🕙10時～15時30分LO

だいおうず かふぇ
DAIO's CAFE
湧水で水出ししたコーヒー
農場の湧水を使い14時間かけて抽出した湧水コールドブリューコーヒー500円。ほかにも湧水を生かしたドリンクや軽食を朝から楽しめる。外には名水百選の水飲み場がある。🕙8～17時

📖 フードコートには、わさびソフトクリーム、わさびコロッケ、わさびフランクや季節限定メニューも登場します。

美しい景色と澄んだ水
安曇野をサイクリング♪

サイクリングで
約4時間

北アルプスや清らかな湧水が流れるのどかな安曇野の田園風景。
美術館やグルメスポットをサイクリングで巡れば気分爽快！

1旅の守り神として知られ、交通安全や商売繁栄のご利益がある　2夏でも水が冷たくて気持ちいい　3敷地内にはあずま屋があり、のんびり散歩や休憩ができる　4ヨーロッパ風の尖塔が印象的な建物　5季節ごとに楽しめるリンゴは時価（左）。もものびんづめ850円。通常の桃より玉が大きい「おどろき桃」を使ったシロップ漬け（右）

安曇野中心部
ほたかじんじゃ
穂髙神社 ❶

交通安全・日本アルプス総鎮守
毎月、限定の御朱印を頒布

信濃の大社として信仰されており、安曇野に本宮、上高地の明神池畔に奥宮、北アルプス主峰奥穂高岳山頂に嶺宮を祀る。本宮・奥宮でお守、御朱印を頒布している。

☎0263-82-2003 ¥休境内自由（社務所）⏰8時30分～17時）休無休 🚉JR穂高駅から徒歩3分 Ｐ100台 MAP P107C3

▶ 約12分

安曇野中心部
あづみのわさびだゆうすいぐんこうえん
安曇野わさび田
湧水群公園 ❷❸

清冽な水が湧く
名水百選の池

北アルプスの雪解け水が地下に浸透してから湧出している場所で「憩いの池」として開放されている。名水百選に認定された湧水はとても冷たく澄んでいる。

☎0263-71-2249（安曇野市都市計画課）住安曇野市豊科南穂高4981-4 ¥⏰休散策自由 🚉JR柏矢町駅から徒歩16分 Ｐ3台 MAP P106B3

▶ 約7分

安曇野中心部
あづみのすいすむら
安曇野スイス村 ❹❺

安曇野の新鮮野菜が集結!
買い物も楽しめるドライブイン

地元の約700軒の生産者が毎朝出荷する農産物を販売する「ハイジの里」やフードコートのほか、ワイナリーや乗馬体験施設もある。北アルプスを望めるスポットとしても人気。

☎0263-72-7878（ハイジの里）住安曇野市豊科南穂高5566-1 ⏰9～18時 休毎月1日（土・日曜、祝日の場合は営業）🚉JR柏矢町駅から車で7分 Ｐ130台 MAP P106C3

道祖神が点在する「保高宿」

松本と糸魚川を結ぶ千国街道の宿場町・穂高。村の守り神として道の辻、三叉路などに道祖神が鎮座する。
☎0263-82-9363（安曇野市観光情報センター）MAP P107C3

6 **9**

6わさび田を流れる湧き水と広大なわさび農場。夏には黒い日よけカバーが掛かる 7映画のセットとして造られた水車小屋があり、水車の近くまで行ける 8湧水飯釜 大王庵では、生わさびをすって薬味と一緒にホカホカのご飯に混ぜて食べる本わさび飯が楽しめる 9ツタに覆われた教会風の外観が特徴的な碌山美術館

7 **8**

信濃大町駅へ 保高宿 早春賦歌碑 明科駅へ
碌山美術館 水色の時道祖神
穂高川
穂高神社
しなの庵
JR穂高駅 START & GOAL
大王わさび農場
万水川沿いの「せせらぎの小路」は未舗装路
大糸線
安曇野わさび街道
N
1km
自やあづみ車びみ道こ野
安曇野わさび田湧水群公園
安曇野スイス村
柏矢町駅へ 147
松本駅へ 安曇野ICへ

だいおうわさびのうじょう
大王わさび農場 **6** **7** **8**

約8分

▶ 澄んだ水が育むわさびを味わう

約15万㎡の広大なわさび田を有する観光スポット。わさびが育つ様子を見られるほか、わさびグルメを味わったり、わさびみやげを買うこともできる。
DATA→P44

ろくざんびじゅつかん
碌山美術館 **9**

約13分

▶ 風格ある建物は安曇野のシンボル

日本の近代彫刻の祖・荻原守衛（号：碌山、1879〜1910）の作品を収蔵・公開。趣あふれるレンガ造りの碌山館は四季折々に美しい。彫刻のほか、別棟で油彩画なども鑑賞できる。
DATA→P49

しなのあん
しなの庵

クロスバイクや電動アシスト自転車があるレンタサイクルショップ。
☎0263-82-3730 🏠普通自転車レンタル1時間200円〜 🕐8時〜日没（夏期7時〜）🌧雨天時、12月中旬〜3月中旬 🚉JR穂高駅からすぐ Ⓟ30台 MAP P107C3

あづみのしぇあさいくる
安曇野シェアサイクル

市内外のステーションで借用・返却可能。HELLO CYCLINGスマホアプリで要会員登録。☎0263-82-9363（安曇野市観光情報センター）Ⓨ15分100円、12時間最大1500円 🕐4〜11月、24時間

 昭和50年（1975）に放送されたNHK連続テレビ小説『水色の時』の撮影時に「水色の時道祖神」が作られました。

大自然と芸術が共演する 安曇野アート巡り

絵画のように美しい風景をもつ安曇野には、美術館が数多く点在します。絶景とアートで癒やしのひとときを過ごしましょう。

▲『こげ茶色の帽子の少女』(1970年代前半・いわさきちひろ)。この作品は『窓ぎわのトットちゃん』(講談社)の単行本の表紙にも使われ親しまれている

▲『チューリップのなかのあかちゃん』(1971年)。花と子どもの画家ともよばれるちひろは約9600点の作品を残した

▲『緑の風のなかの少女』(1972年)。白い紙の地色を残してその周りに色を塗ることで帽子の形を表している

▲約3カ月ごとにテーマを変えて作品を紹介している

安曇野北部
あづみのちひろびじゅつかん

安曇野ちひろ美術館

子どもから大人までゆっくりと楽しめる

世界的に有名な絵本画家・いわさきちひろの作品や、世界各国の絵本画家の原画や資料などを展示。館内には絵本3000冊を閲覧できる絵本の部屋や、絵本カフェがある。

☎0261-62-0772 ㊟松川村西原3358-24 ¥入館900円(高校生以下無料) ◷10〜17時 ㊡水曜、ほか冬期休館、展示替えのための臨時休館あり ㊫JR信濃松川駅から車で5分 Ⓟ150台 MAPP106A1

▲美術館の周囲には広さ5万3500㎡の安曇野ちひろ公園(松川村営)が広がる

▶公園の北側には『窓ぎわのトットちゃん』(黒柳徹子/文 いわさきちひろ/絵)にちなんだトットちゃん広場があり、物語の舞台となったトモエ学園の電車の教室が再現されている

安曇野北部
えほんびじゅつかん もりのおうち

絵本美術館 森のおうち

絵本の世界に迷い込んだよう

一年を通して国内外の絵本原画の企画展を4〜5回行っている。蔵書約8000冊の図書館、ミュージアムショップと絵本専門店、絵本にちなんだメニューもあるカフェを併設。

☎0263-83-5670 ㊟安曇野市穂高有明2215-9 ¥入館800円 ◷9時30分〜17時(12〜2月は〜16時30分)※最終入館は各30分前(変動あり、要確認) ㊡木曜(2月は水・木曜)※祝日振替あり ㊫JR穂高駅から車で12分 Ⓟ30台 MAPP107A1

▼松やカエデ、ナラなどが茂る明るい森の中に立つ

▶『マッチ売りの少女』。アンデルセン/作、バーナデット・ワッツ/絵の原画7点を所蔵している

Andersen / Bernadette
Das kleine Mädchen mit den Schwefelhölzchen
NordSüd

18の美術館が並ぶ 安曇野アートラインで ミュージアム巡り

安曇野から白馬までの約50kmのエリアに点在する美術館や博物館、公園など18の施設を1本のラインで結んだアートの道。風景そのものがアートといってもよい、絶景が広がる。

安曇野アートライン
Azumino Art Line

安曇野中心部
ろくざんびじゅつかん

碌山美術館

近代彫刻のパイオニアの魂を感じる

日本に近代彫刻の息吹をもたらした安曇野生まれの彫刻家・荻原守衛（碌山）の作品を展示。国の重要文化財『女』などの代表作は迫力たっぷり。

☎0263-82-2094 住安曇野市穂高5095-1 ¥入館700円 ◷9時〜17時10分（11〜2月は〜16時10分）休無休（11〜4月は月曜、祝日の翌日）交JR穂高駅から徒歩7分 P120台 MAP P107C3

▲ 館内は静謐な空気に満ちている

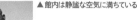

◀『坑夫』（1907年・荻原守衛）。パリで制作し、高村光太郎が日本に持ち帰ったほうがよいと激賞した作品。日本近代彫刻の始まりを告げた作品と評されている

▲ レンガ造りの教会風建物が展示館。別棟では碌山の友人の高村光太郎らの作品も展示

◀『椿』（1914年・宮芳平）。森鷗外と交流するきっかけとなった油彩画。点描で描かれている

▲ 中世の修道院建築にならった建物と北アルプスが調和する。500種類のバラが植えられた庭園も見ごたえがある

安曇野中心部
あづみのしとよしなきんだいびじゅつかん

安曇野市豊科近代美術館

北アルプスを望む回廊美術館

中世風の建物の中で、ロマン・ロランらとも交流をもった近代彫刻家・高田博厚の作品と、森鷗外ゆかりの画家・宮芳平の作品を常設展示している。

☎0263-73-5638 住安曇野市豊科5609-3 ¥入館520円（特別展は別途）◷9〜17時（最終入館16時30分）休月曜（祝日の場合は開館）、祝日の翌平日 交JR豊科駅から徒歩10分 P100台 MAP P106C3

安曇野北部
きたあるぷすてんぼうびじゅつかん
（いけだちょうりつびじゅつかん）

北アルプス展望美術館
（池田町立美術館）

安曇野への愛を感じる絵画を鑑賞

北アルプスの大パノラマが一望できる高台に立ち、この地を愛した山下大五郎、奥田郁太郎、小島孝子、篠田義一らの絵画、陶芸作品を常設展示している美術館。また、年間を通して、趣向を凝らした企画展を開催。

▲ 安曇野を一望する丘の上にある

▶『蓮華草道祖神』（1979年・奥田郁太郎）。奥田郁太郎は安曇野の風景・風物を数多く描いた

☎0261-62-6600 住池田町会染7782 ¥入館400円（企画展は別途）◷9時〜16時30分（最終入館16時）休月曜（祝日の場合は翌平日）、12月11日〜2月末、展示替え期間 交JR安曇追分駅から車で6分 P120台 MAP P106B1

📖 安曇野ちひろ美術館の絵本カフェでは、晴れた日に安曇野の風景を眺めることができるテラス席が用意されています。

♪♪ 安曇野

クラフト工房の手作り体験で
世界に一つだけの作品づくり

美しい風景の中に、さまざまなクラフト工房が点在する安曇野。
気軽に参加できる体験教室で自分だけの作品を作ってみませんか。

▲所要時間は15〜20分。好きな色で模様をつける

【安曇野中心部】
あづみのがらすこうぼう

あづみ野ガラス工房

吹きガラス体験で自分だけの作品を

複合観光施設「安曇野の里」にある工房。
グラスやそばちょこ、一輪挿しを作ることが
できる。また8名以上で予約するとリュータ
ーというペン型の道具でグラスに模様を彫
り、当日に持ち帰ることができる体験もある。

☎0263-72-8030 住安曇野市豊科南穂高5076
- 17 時9時〜16時30分 休無休 JR柏矢町駅か
ら車で5分 P安曇野の里駐車場利用50台
MAP P106C3

▲若手作家育成の場として設立
▼店では作家手作りの食器や花器、オブジ
ェやアクセサリーを販売している

吹きガラス体験DATA
÷定員：1〜7名（8名以上は1カ月前に要予約）
÷料金：3850円〜　÷当日受付可
÷作品は2日後受け取りか後日発送（送料別）
リューター体験DATA
÷定員：8〜50名（1カ月前に要予約）
÷料金：1430円　÷作品は当日持ち帰り

▲高熱で溶けたガラスに息を吹き込み、自分だけ
の作品を仕上げていく工程は感動的

ガラス工房隣のギャラリーカフェでひと息

あづみ野ガラス工房が入る「安曇野の里」にあるギャラリーカフェ「レストチロル」。同工房や地元工芸家の作品を展示販売する。安曇野の湧水で8時間以上かけて抽出する水出しコーヒーが人気。無料で見学のみもOK。

MAP P106C3

安曇野中心部
あづみのゆういん
あづみ野遊印

自分だけの「My箸」作り体験

廃棄されてしまうリンゴの木の小枝を使ってハンコを作る工房。ここでは、自分の手にしっくりなじむ箸を作ることができる。素材、長さを選び、角材からカンナで手削り、焼きペンで名前を入れてMy箸のできあがりだ。

☎090-9831-3962 佳安曇野市穂高3640大王わさび農場内 ⏰9〜17時（12〜2月は〜16時、体験受付は〜閉館1時間30分前）休木曜 交JR穂高駅から車で10分 Ｐ大王わさび農場駐車場利用380台 **MAP** P106C3

▶プラス580円で漆塗り仕上げも。長年使って傷んでも無料で再塗装可能（送料別）

▲所要時間は、個人差もあるが約1時間。一から自分の手で作るので、愛着もひとしお。素材はサクラ（2200円）なども選択可

体験DATA
÷定員：2〜60名（要予約） ÷料金：1650円
÷最終受付：閉館90分前
÷漆塗りの場合は後日郵送（送料別）

▶作るものに応じて、玉作り、紐作り、タタラ作りなど、さまざまな作陶方法を指導してくれる

安曇野中心部
あづみのしほたかとうげいかいかん
安曇野市穂高陶芸会館

何を作るかは、自分次第の作陶体験

中信地方で江戸時代から使われていた民芸陶器「信斎焼」「洗馬焼」「入道焼」を展示。作陶体験は、熟練講師指導のもと食器や一輪挿しなど、作りたいものを作れる。土は赤土、白土の2種類、釉薬は8種類から選べる。

☎0263-82-6750 佳安曇野市穂高8414-17 ⏰9〜17時（作陶体験は15時までに入館）休月曜（祝日の場合は翌日）、1〜2月 交JR穂高駅から車で5分 Ｐ20台 **MAP** P107B3

◀広い中庭の四季折々の美しい景色に心が和む

▲「自作の器での食事は格別。子どものころの泥遊びを思い出し、楽しんで」と講師の嶋田好貴さん

穂高陶芸会館

体験DATA
÷定員：〜40名（要予約）
÷料金：2090円 ÷最終受付：15時
÷作品は後日発送（送料別）

📖 安曇野市穂高陶芸会館の作陶体験は、開館時間内であれば、時間制限なく作陶でき、500g単位で土を買い足せます。

おいしい野菜が主役！
安曇野野菜のごはん

安曇野の大地が育んだ味わい深い野菜たちをシンプルに調理。
安曇野野菜のもつチカラが心も体も元気にしてくれそうです。

食材のよさを生かした、素朴で懐かしい味わいの小鉢が並ぶ。デザートとケーキが付く

安曇野中心部
あづみのごはん かざゆら
あづみ野ごはん 風ゆら

犀川の絶景を眺めながら味わうお膳

犀川と北アルプスを望む高台に立つ家庭料理の店。メニューは週替わりの「風ゆらお膳」のみ。自家菜園の野菜をはじめ、安曇野でとれた旬の食材をふんだんに使い、ひと手間かけた料理を提供。絶景と風を感じながらテラス席で楽しむのもいい。

☎0263-62-5558 住安曇野市明科東川手13368-2 ⏰11時30分～なくなり次第終了、18時～（ランチ、ディナーともに要予約）休月・火曜 交JR明科駅から車で5分 P6台 MAP P106C2

高台にあるのでシックな内装の店内からも犀川が見える

《風ゆらお膳》1815円
・メイン（肉・魚）
・味噌汁
・自家製漬物
など

店舗は2階建て、2階にオープンテラス席がある

安曇野中心部
れすとらん らう゛にーる
レストラン ラヴニール

旬の野菜が奏でる安曇野フレンチ

自家菜園や契約農園から届く安曇野の新鮮食材を贅沢に使った野菜づくしのフレンチ。ボリュームたっぷりのサラダや野菜のポタージュなど素材の力を生かしたコース料理を提供している。

☎0263-81-3455 住安曇野市穂高5761-7 ⏰11時30分～13時30分LO、18時30分～20時LO 休火曜 交JR穂高駅から徒歩14分 P9台 MAP P107C3

前菜から自家製デザートまで値段、味ともに満足度は高い

《ランチコースB》2850円
・前菜
・メイン（肉・魚・パスタからセレクト）
・ポタージュ
など

フランスの田舎町のレストランをイメージ

安曇野野菜って？

一年を通して13〜15℃を保つ豊富な湧水と長い日照時間。そして水はけのよい土壌と澄んだ空気が野菜のうま味を高めている。無農薬栽培に取り組む農家も多いので、安心・安全な野菜が手に入りやすいのも特徴。

安曇野中心部

おやさいかいせきあんどおーがにっく かふぇ まなや

お野菜懐石＆Organic Cafe manaya

古民家で味わう彩り野菜の料理

旬の野菜をふんだんに使い、調味料までこだわったやさしい味わいの料理が人気。季節のお野菜懐石コースがおすすめ（3日前までに要予約）。

☎0263-31-0901 住安曇野市堀金烏川1528-1 ⏰11時30分〜15時LO（完全予約制）休月〜水曜 交JR豊科駅から車で10分 P10台 MAP P106B3

＋《季節のお野菜懐石コース（昼）》3300円
・先付け　・汁物　・向付け
・煮物or蒸物　・焼物or揚物
・プレート5品など

ふろふき大根のステーキ。バルサミコ黒酢の合わせソースで

夏野菜のグリルイチゴのドレッシング添え

広い庭のある古民家を改装

＋《ランチBコース》1650円
・前菜盛り合わせ
・メイン（パスタ・ピッツァからセレクト）
・デザート、ドリンク　　　　など

煙突が印象的なイタリアンレストラン。内装はローマ近郊の空間を再現

モラー皿

自家栽培の野菜は鮮度抜群！

りんごとゴルゴンゾーラとはちみつのピッツァ1320円

安曇野南部

くっちーな いたりあーな ら ふぇりちたあ

Cucina Italiana La Felicita

ローマの空気感を料理で演出

イタリアのローマで修業したオーナーシェフの中瀬達生さんが、現地の味付けをベースに安曇野の野菜をたっぷり盛り込んだイタリアンを提供。シンプルに素材の味を楽しめるよう仕上げている。

☎0263-31-3199 住安曇野市三郷温40-1 ⏰11時30分〜15時,18時〜21時30分（日・月曜、祝日は〜21時）休火曜 交JR一日市場駅から車で7分 P50台 MAP P101D3

安曇野南部

だいにんぐあんどかふぇ よこや

ダイニング＆カフェ YOKOYA

新鮮野菜たっぷりの日替わりランチ

安曇野産の米や旬の自家製野菜などを使用し、食感や味付けに工夫を凝らした料理を提供。丁寧に淹れるコーヒーや、温かなもてなしにも心を癒やされる。

☎0263-72-0080 住安曇野市豊科高家5671-1 ⏰11時30分〜18時（冬期は〜17時）※ランチは要予約、食事はご飯がなくなり次第終了 休火・水曜 交JR梓橋駅から徒歩10分 P10台 MAP P101D3

＋《YOKOYA気まぐれプレート》1350円
・メイン
・白米ご飯、漬物、サラダ、味噌汁など

この日のメインはお豆腐入りハンバーグの和風あんかけ

店の窓からは北アルプスの美しい峰々を望む

旬の野菜や果物に合わせて、メニューは時期ごとに変わるのが基本。詳細は事前にHPや問合せで確認しましょう。

産地で味わう贅沢
名水が生む絶品そば

キリリと冷たい湧水と厳選されたそば粉、名産のわさび。
この地だからこそ味わえる極上のそばを堪能しましょう。

雪花ざるそば
1480円
細めでコシの強いざるそばの上に、とろろと金粉がのった華やかな一品

もう1品なら

安曇野中心部

そばどころ じゆうあん あさかわ
そば処 時遊庵 あさかわ

自家製わさびと極上の二八そば

田園風景が広がる静かな場所に立つ人気そば店。安曇野産と北海道産と茨城県産のそば粉をブレンドして打った二八そばは、風味豊かでのど越し抜群。薬味で出されるわさびの花と茎のお浸しも味のアクセントに。四季折々の花が咲く庭園の散策も楽しい。

☎0263-83-3637 🏠安曇野市穂高有明8053-4
🕐11時30分〜14時30分（売り切れ次第閉店）🈳水曜
🚉JR穂高駅から車で15分
🅿12台 **MAP**P107A3

大町にあった土蔵の一部を移築

雰囲気の異なる3つの客席がある

そばうすやき　430円

そば粉を水で溶いて味噌をぬり焼いたもの。信州の懐かしい伝統食

安曇野中心部

そばどころ いっきゅうあん
そば処 一休庵

天然の地下水が味の決め手

しなやかでのど越しのよい、細めの二八そばが店の自慢。そばの命ともいえる「水」にこだわり、そばをゆでるのも締めるのにも、地下50mから汲み上げる天然水を使用。一年中温度の変わらない清冽な水が、そばの香り、甘みをいっそう引き立たせている。

☎0263-82-8000 🏠安曇野市穂高5957-4
🕐11〜17時 🈳月曜（祝日の場合は翌日）🚉JR穂高駅から徒歩2分 🅿15台 **MAP**P107C3

和の粋を感じさせる民芸調の店内

もう1品なら

岩魚天ぷらそば　1080円
地元の清流で育ったイワナを豪快に。淡白な味わいがそばと相性抜群

アルプスわさびそば
1300円
もりそばの上にわさびの茎の醤油漬けをちりばめた人気メニュー

信州そばって どんなそばなの？

信州そばといっても、そば粉の種類や挽き方、ツユも地域やお店によってさまざま。実は、定義はありません。それぞれの店のこだわりの、多彩な"信州そば"に出合えるのも旅の醍醐味。

ざるそば
900円
そば本来の香りとのど越しを楽しめる。どんこも加えたツユとともに

窓からの眺望がよい店内。畳敷きの小上がり席もある

安曇野中心部
あづみのおきな
安曇野翁
名人の技を継承する名店

そば打ち名人・高橋邦弘氏に師事した店主・若月氏が営む店は、県内屈指の名店。長野・北海道・茨城の契約農家から仕入れた玄そばを毎日石臼で自家製粉し、北アルプスの伏流水で打つそばは、のど越しがよく辛めのツユとの相性も抜群。

☎0261-62-1017 ㊟池田町中鵜3056-5 ⏰11〜15時（売切れ次第終了）㊡月曜（祝日の場合は翌日）、第1・3火曜 🚃JR安曇追分駅から車で6分 🅿15台 MAP P106B2

北アルプスや安曇野の田園風景を一望する高台に立つ

安曇野中心部
そばどころ かみじょう
そば処 上條
天然素材で引き立つ二八そば

信州産の厳選した玄そばを石臼挽きし、ツユはカツオ節や昆布など天然素材のみで作る。安曇野の天然水で締めた細めの二八そばは、香りが凝縮されコシも強くのど越しもよい。ギャラリーでは写真家の顔をもつ店主の撮影した信州の風景写真を展示。

☎0263-82-4411 ㊟安曇野市穂高5256-1 ⏰11〜15時 ㊡月曜（祝日の場合は翌日、12〜3月は月・火曜、GW・お盆期間中は無休）🚃JR穂高駅から徒歩10分 🅿15台 MAP P107C3

天恵そば
1320円
温泉卵、鴨の燻製、小エビなど10種類の具材がのった人気メニュー

シックなレストランのような外観

店主が撮影したポストカードも販売

ゆったりした洋風のテーブル席が並ぶ

 土壌の水はけがよく、昼夜の寒暖差が大きい安曇野で育ったそばの実は、風味がよいのが特徴といわれています。

旬のフルーツスイーツと 心安らぐ空間でティータイム

地元産フルーツをたっぷり使った可愛らしいスイーツにほっこり。
テラス席で美しい眺望とともに味わうのがおすすめです。

安曇野
アフタヌーンティー
4180円(1名)
ウェルカムドリンクから始まる優雅なアフタヌーンティーが人気。写真は2名分。3日前までに要予約)

かふぇかぜのいろ

カフェ風のいろ

天体観測もできるカフェ

悠然とそびえる北アルプスの山の稜線を眺めながら、田園の風に吹かれてゆったりとティータイムを過ごせる一軒家カフェ。店内からもテラス席からも眺望は抜群。自家焙煎のコーヒーと一緒に自家製パンやケーキを味わいたい。

☎0261-85-0005 住池田町池田919 ⏰10〜17時 休水〜金曜 交JR信濃松川駅から車で8分 P5台 MAP P101D1

スイーツセット
800円
リンゴ、山ブドウ、アンズ、イチジクの入ったフルーツケーキなど、手作りの焼き菓子にドリンクが付く

庭の天体ドームでは星空ウォッチングも開催(要予約)

安曇野中心部
あっぷるあんどろーぜす

apple&roses

映え確実なキュートなスイーツ

長野県出身のオーナーが信州産リンゴの魅力を発信したい、と開いたリンゴスイーツのカフェ&ショップ。旧安曇野アートヒルズミュージアムの敷地内にある。バラのブーケのような豪華なタルトが人気。

☎0263-31-0655 住安曇野市穂高有明8150-1 ⏰10〜18時(11〜3月は〜17時) 休火曜(祝日の場合は営業) 交JR穂高駅から車で10分 P200台 MAP P107A3

季節に合わせたリンゴで提供。ジューシーなリンゴの食感と平飼い卵を使ったアーモンドクリームたっぷりの人気タルト。1カット583円

美しい景色を一望できるテラス席　　木と土壁のぬくもりある建物

大きなカウンターテーブルの店内　　テイクアウトも可能

安曇野は夏秋イチゴの日本有数の産地

北アルプスの冷たい伏流水が育む、6月～11月が収穫期の夏秋(かしゅう)イチゴ。長野県生まれの「サマープリンセス」や「サマーリリカル」など、甘みと酸味のバランスがいい新品種が続々と誕生している。

ブレンド 400円
選べるコーヒーの種類は9種類。マイセンやミントンのカップに注いでくれる

安曇野プリン(ドリンク付) 910円
北アルプス牧場の新鮮な牛乳と地元の平飼い有精卵を使ったレトロなプリン

マロンケーキ 400円
安曇野産の栗を使った季節のケーキ

安曇野中心部
ここはなしゃ
心花舎

癒やしの花空間でスイーツを

店内の装飾や食器にフラワーコーディネーターであるオーナーのセンスが光る。信州産の食材を使った手作りスイーツが人気。旬の地元野菜をたっぷり使用した限定ランチ「二十四節気 旬のお昼ごはん」1980円(要予約)もおすすめ。

☎0263-87-3775 住安曇野市穂高有明3613-46 時11時30分～17時 休水・木曜 交JR穂高駅から車で10分 P6台
MAP P107A2

季節ごとに旬のフルーツを使ったパフェを提供

安曇野北部
てぃーたいむ がるに
ティータイム ガルニ

森を眺めながら優雅なひととき

安曇野の森の中にたたずむ隠れ家的な小さなカフェ。おすすめの季節の手作りケーキは常時3種類。スイーツだけでなく、朝どれの野菜をたっぷり使ったマフィンサンドも人気。温かみのある店内で気さくな女性オーナーとの会話も楽しい。

☎0263-83-7604 住安曇野市穂高有明7366-17 時9時～16時30分LO 休月・火曜(祝日の場合は営業) 交JR安曇野追分駅から車で5分 P5台 MAP P107A1

店内は落ち着いた雰囲気。静かな時間が流れる

花やリースが飾られたおしゃれな店内

黒で統一されたシックな外観が特徴

安曇野郊外の静かな場所にある

鳥のさえずりにも癒やされるテラス席

北アルプスのふもとを南北に走る、穂高の県道25号は通称「山麓線」。近年多くのカフェがオープンしているカフェ密集地帯です。

水と空気がおいしいから
パンもおいしくなるんです

国産や長野県産の小麦を使ったベーカリーが多い安曇野。
併設のカフェでドリンクやランチを楽しむのもおすすめです。

プレーンベーグル
130円
もっちりと噛みごたえ
がある定番ベーグル。
ハムやチーズを挟んで
もおいしい

季節のピザ
(1/4)270円
ソースはトマトとバジル
の2種類から選べる。
予約でホールの販売
も。Mサイズ1200円

ゴマとチーズの
全粒粉パン
190円
全粒粉の生地にレッド
チェダーとナチュラルチ
ーズを合わせたパン

ライ麦くるみ
レーズンホール
850円
食感が楽しいカンパ
ニュ。1/2の大きさ
でも販売

窓から外の風景を楽しみながら食事ができるカウンター席

テラス席は晴れていれば北アルプスの山々が見られる

いぐぱん
いぐパン

笑顔あふれるかわいいパン屋さん

米麹由来のホシノ天然酵母と国産小麦粉を使って焼
き上げるパンは、甘みと香りがふんわりと広がる豊か
なおいしさ。自家製あんこのパンや惣菜パンなど22
〜25種が並ぶ。

☎0261-85-0785 住松川村西
原3163-16 営8時〜パンがなくな
り次第終了（パンごはんは〜14時）
休火〜木曜 交JR信濃松川駅から
車で6分 P4台 MAPP106A1

アンティークな
外観が目印

しぜんこうぼといしがまぱん ぶんが
自然酵母と石窯ぱん bunga

田園と山岳風景を眺めながらほっこり

平成21年（2009）に移住してきたご夫婦が、民家を
改装して始めたベーカリーカフェ。自家製酵母やオー
ガニック食材を使用し、ご主人が手作りした庭の石窯
で焼き上げる自然派ハード系パンにファンが多い。

☎080-5454-7031 住池田町中
鵜1376 営9〜17時 休日〜火曜
（GW、お盆は営業の場合あり）交JR
安曇追分駅から車で10分 P5台
MAPP106B2

水田を一望できる一軒
家のベーカリー

パンやそばを おいしくする 安曇野の名水

安曇野には、北アルプスの清らかな伏流水を汲める場所が点在。安曇野わさび田湧水群や大王わさび農場、岩肌から湧き出す延命水、満願寺の水や碌山美術館敷地内の井戸水も有名です。こうした名水の存在が、パンやそば作りに生かされています。

ロックフォール・ノア・ はちみつ
400円
フランス産ブルーチーズ（ロックフォール）を包み、ハチミツをトッピング

パンカルモ
760円
県産の小麦・全粒粉で作る看板商品。ドライフルーツがたっぷり

パストラミ わさび カスクルート
400円
地元のわさびを使ったわさびマヨが効いた一品

牛乳パン
294円
甘さ控えめのしっとりとしたパンにラム酒で香りづけしたバタークリームがたっぷり

パンの香りが漂う店内。イートインスペースも併設

オープンキッチンで間近に製作風景が見られる店内

安曇野中心部
ぱん かるも
パン カルモ

素材と技法にこだわったハード系パンが好評

大王わさび農場に近い田園風景の中に立つベーカリー。長野県産のライ麦を使用したハード系パンやフワフワ生地のパン、おかず系など種類も多く、季節替わりパンを含め常時60種類ほど揃う。

☎0263-87-2337 住安曇野市穂高2217-2 ⏰9〜18時（売り切れ次第終了）休月曜 交JR穂高駅から車で10分 P6台
MAP P106C3

大きな茶色い看板が目印

安曇野中心部
すいーとあづみのてん
SWEETあづみ野店

創業100年以上を誇る老舗ベーカリー

大正2年（1913）にシアトルで誕生した老舗ベーカリーが、開業100年を機に創業者の故郷・安曇野にオープン。一番人気の「やさいぱん」をはじめ常時60種以上のパンが揃っている。

☎0263-87-6977 住安曇野市穂高843-1 ⏰9〜18時（土・日曜、祝日は8時〜）休無休 交JR柏矢町駅から車で5分 P42台
MAP P106B3

テラス席もあるほか、イートインもOK

📖 | 安曇野のベーカリーは平日に休業日が多いお店も。行きたいベーカリーがある場合は事前確認がおすすめです。

安曇野

とれたての安曇野産直品は格別！ファーマーズマーケットへ

豊かな自然に恵まれた環境で育つ安曇野のおいしい野菜や果物。
とれたての新鮮な品々を手に入れられるスポットをご紹介します。

安曇野中心部
びふほたか
Vif穂高

安曇野みやげも充実の品揃え

農家の人々が毎朝届ける新鮮な野菜や果物が並び、地元飲食店のシェフも仕入れに訪れる人気スポット。天然酵母を使用したパン、濃厚な味わいの豆腐、手作り惣菜など、地元で人気のこだわりの加工品も豊富に揃っている。

☎0263-81-5656 🏠安曇野市穂高有明7751-1 🕐8時30分〜17時 🈺無休 🚃JR穂高駅から車で10分 🅿50台 MAP P107A2

▶地元産の大豆と米で作った手作り母ちゃん味噌420円(500g)

▼あづみ野カンパーニュ490円(ハーフは260円)

▲野菜は棚に並べられるそばから売れていく。食事処も併設

わさび
清らかで豊富な湧水が育てる安曇野のわさびは、生産量が日本一。春には、お浸しにするとおいしいわさびの花も販売。

タマネギ
旬は6〜8月。「玉ねぎ祭」が開催されたり、直売所ではほとんどの人が10kg単位で買っていく人気ぶり。

アスパラガス
締まった穂先、鮮やかな緑色、口中に広がる強い甘みに特徴がある。収穫期は4月中旬〜9月下旬。

スイートコーン
強い甘みが特徴の「ゴールドラッシュ」などを栽培。特に新鮮なものはスイーツのような甘さ。7月中旬〜8月上旬出荷。

安曇野中心部
しゅんのあじほりがねぶっさんせんたー
旬の味ほりがね物産センター

安曇野の特産品が揃う

道の駅 アルプス安曇野ほりがねの里の直売所で、農家の人々が届ける朝どれの野菜、果実を販売。施設内で作るおやきやまんじゅう、漬物、お惣菜など加工品も豊富だ。食堂(〜14時30分LO)も併設。

☎0263-73-7002 🏠安曇野市堀金烏川2696 🕐8時30分〜17時 🈺無休 🚃JR豊科駅から車で10分 🅿170台 MAP P106B4

▲かわいいイラストのごきげんドレッシングと元気ドレッシング各550円

▲信州の味コンクール優秀賞、おにぎりの友380円。辛めの漬物

◀地元の食材を使ったおにぎり定食700円が人気

▶食堂の手作り感あふれる定食も人気

安曇野ちひろ公園の
イベントも訪ねよう

おでかけホリデー
食体験や読み聞かせなどのミニイベント、地元農産物やクラフト商品が並ぶマルシェなどが開催される（5～10月の第4土曜）。☎0261-85-8822（安曇野ちひろ公園）

安曇野中心部
まちのえき あづみのべーす
まちの駅 安曇野BASE

地域の力を発信する複合施設

2021年6月に安曇野にオープンした「生活と観光の基地」。安曇野産や信州産のワインのほか、地元農産物やみやげ品、地元作家の工芸品などが並ぶ。グルメも楽しめ、安曇野の観光情報も発信している。

☎0263-88-9177 住安曇野市豊科南穂高5089-1 時9～17時 休水曜（夏期繁忙期は無休）交JR柏矢町駅から車で5分 P80台
MAP P106C3

▶安曇野産のイチゴ、すずあかねを100%使ったいちごバター680円

▶炊きたてのご飯やお酒のおつまみにも合うカリカリわさビー880円

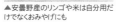

▲安曇野のリンゴや米は自分用だけでなくおみやげにも

▲コシヒカリ（2合）540円。伏流水で育てた安曇野のコシヒカリ。おしゃれなパッケージが特徴

▲地元の老舗養蜂園が作るソバの花の蜜380円とアカシアのハチミツ480円

トマト	イチゴ	メロン	セロリ
トマトの生産が盛ん。完熟した専用品種なので、料理用にもぴったり。また生食用の甘みの強いトマトも人気。	6月下旬～11月に出荷される夏秋イチゴを生産。強めの酸味を生かしたジャムやジェラートなど加工品も種類豊富。	高級品種アールスメロンを栽培。香りのよさと甘さが特徴で「安曇野メロン」とよばれることも。旬は9～10月上旬。	涼しい気候と水分を好む、安曇野野菜の代表格。温度が上がると水分が抜けるため深夜1時から朝にかけ収穫、出荷。

<提供：長野県農政部>

安曇野中心部
あづみのすいすむら はいじのさと
安曇野スイス村 ハイジの里

長野県内最大級のJA直売所

地元の約700軒の生産者が毎朝出荷する農産物を販売。信州の特産品のほか、パン、菓子、手作り惣菜も並ぶ。イートインコーナーでは、焼きたてのピザやソフトクリームを味わうことができる。

☎0263-87-0812 住安曇野市豊科南穂高5566-1 時9～18時 休毎月1日（土・日曜、祝日の場合は営業）交JR柏矢町駅から車で7分 P130台 MAP P106C3

▶希少な百花蜜だけを瓶詰めした逸品。コクと香りが強い。日本蜂蜜のはちみつ1900円

▶夏秋いちごすずあかね 250～400円。全国2位の生産量を誇る安曇野産の夏秋イチゴ

◀ブルーベリージャム630円。雨が少なく寒暖差の大きい安曇野のブルーベリーは美味

▲安曇野産の甘酸っぱい紅玉のみを搾った果汁100%のリンゴジュース。紅玉それーと果汁880円

▲駐車場が広く車で立ち寄りやすい。イートインコーナーも充実

📖 人気の品やお値打ち価格の農産物はすぐに売り切れてしまうことも。お目当てがあるなら朝イチに訪れるのが鉄則です。

61

安曇野のおすすめスポット

あづみのさんがくびじゅつかん
安曇野山岳美術館

山岳絵画の傑作を鑑賞

近代山岳絵画の先駆者・足立源一郎、吉田博をはじめ、加藤水城、原田達也、上田太郎などの秀作を展示。年数回の企画展やワークショップ、コンサートも開催。掲載は吉田博の日本アルプス十二題『穂高山』。

DATA ☎0263-83-4743 **住**安曇野市穂高有明3613 **¥**入館700円 **⏰**10〜16時 **休**木曜(祝日の場合は開館。GW、8月は無休)、12月11日〜3月9日 **交**JR穂高駅から車で10分 **P**8台 **MAP**P107A2

あづみのたかはしせつろうきねんびじゅつかん
安曇野髙橋節郎記念美術館

漆の芸術作品を展示

安曇野に生まれた髙橋節郎は、新境地を切り開いた漆の芸術家。黒と金がきらめく作品のほか、江戸期創建の生家や庭園を楽しむことができる。

DATA ☎0263-81-3030 **住**安曇野市穂高北穂高408-1 **¥**入館410円 **⏰**9〜17時 **休**月曜(祝日の場合は翌平日)、祝日の翌日(土・日曜の場合は開館) **交**JR穂高駅から車で10分 **P**50台 **MAP**P107C2

おおくまびじゅつかん
大熊美術館

名窯のプレートが並ぶ

デンマーク王室御用達の名窯・ロイヤルコペンハーゲンとビング&グレンダール窯のクリスマスプレートを展示。19世紀末から各年代ごとにすべて揃っている。アンデルセン関連の展示もある。

DATA ☎0263-83-6993 **住**安曇野市穂高有明7403-10 **¥**入館800円 **⏰**9〜15時(最終入館14時30分) **休**火〜木曜 **交**JR安曇追分駅から車で5分 **P**10台 **MAP**P107A1

あづみのしとよしなきょうどはくぶつかん
安曇野市豊科郷土博物館

安曇野の祭りを体感

安曇野の「MATSURI」がテーマ。昭和30年代の安曇野を舞台に家々の祭りや村のオフネ祭り、道祖神祭りなどさまざまな祭りを紹介している。

DATA ☎0263-72-5672 **住**安曇野市豊科4289-8 **¥**入館100円 **⏰**9〜17時(最終入館16時30分) **休**月曜(祝日の場合は開館)、祝日の翌日 **交**JR豊科駅から徒歩10分 **P**10台 **MAP**P106C4

たぶちゆきおきねんかん
田淵行男記念館

日本が誇るナチュラリスト

日本を代表する昆虫生態研究家であり、山岳写真家でもある田淵行男の原版約7万3000点を収蔵。カラー写真のなかった時代に、蝶の美しさを伝えたいと描いた細密画は、驚くほどリアル。

DATA ☎0263-72-9964 **住**安曇野市豊科南穂高5078-2 **¥**入館310円 **⏰**9〜17時 **休**月曜(祝日の場合は翌平日)、祝日の翌日 **交**JR柏矢町駅から車で5分 **P**20台 **MAP**P106C3

ゆめのうじょう
夢農場

山あいに咲く花の楽園

山懐にある花畑。4月中旬に山麓一帯を染める山桜、6月中旬〜7月中旬に咲き誇るラベンダーの景観は有名だ。ラベンダー摘み取り(紙コップ1杯500円)もできる。

DATA ☎0261-62-5510 **住**池田町陸郷7454-6 **¥**入場無料 **⏰**8〜17時 **休**不定休(冬期休園) **交**JR穂高駅から車で30分 **P**100台 **MAP**P106C1

こくえいあるぷすあづみのこうえん ほりがね・ほたかちく
国営アルプスあづみの公園 堀金・穂高地区

豊かな自然で心も体もリフレッシュ

田園が広がる安曇野の風景を保全・復元し、安曇野の自然や文化を短時間で体験できる広大な公園。山岳景観や季節の花々だけでなく体験学習も楽しめる。

DATA ☎0263-71-5511 **住**安曇野市堀金烏川33-4 **¥**入園450円 **⏰**9時30分〜17時(7・8月は〜18時、11〜2月は〜16時) **休**月曜(祝日の場合は翌平日。GW、夏休み期間中は無休) **交**JR豊科駅から車で15分 **P**1000台 **MAP**P107A4

あるぷがーでん
アルプガーデン

多肉植物でオリジナル鉢作り

温泉熱を利用した植物農場。多彩な植物を展示する熱帯雨林植物園を見学できる。多肉植物を鉢植えするタペストリー作り体験1200円もあり、体験のみの利用もOK。

DATA ☎0263-83-5000 **住**安曇野市穂高有明橋爪5039-1 **¥**入場500円(即売所は入場無料) **⏰**9〜17時 **休**第1・3木曜 **交**JR穂高駅から車で5分 **P**20台 **MAP**P107B2

にじのかおり
ニジノカオリ

気軽にお箸で楽しめる

お箸でいただくカジュアルな本格フレンチが人気。安曇野野菜が皿を彩るオードブルをはじめ、季節ごとに旬の野菜を肉や魚と組み合わせた料理を提供。フルコースは3300円。ディナーは要予約。

DATA ☎0263-83-2830 **住**安曇野市穂高有明8138-5 **⏰**11時30分〜13時30分LO、18〜20時LO **休**月曜のディナー、火曜 **交**JR穂高駅から車で10分 **P**8台 **MAP**P107A3

なぽりぴっつぁあたすく
ナポリピッツァTASUKU
地場産素材を使用

地元産野菜や安曇野豚、信州サーモンなどを使って仕上げるシンプルなナポリ料理が評判。特に地場産小麦と酵母、塩だけで作るピッツァの生地は、上質な粉の風味が際立つ逸品だ。
DATA☎0263-87-7729 住安曇野市堀金烏川上堀3132-1 ⏰11時～18時30分LO 休火曜のディナー、水曜 交JR豊科駅から車で10分 P15台 ※小学生未満入店不可
MAP P106B4

らでぃーちぇ すずね
Radice SUZUNE
すずむし荘のパスタレストラン

パスタランチのお店。1680円～のコース料理で鮮やかなサラダから見た目も素敵なデザートまでをゆったりとした空間で楽しむことができる。肉料理が付くコースもおすすめ。
DATA☎0261-62-0223 住松川村3363-1082 ⏰11～14時LO 休木曜（祝日の場合は営業）交JR信濃松川駅から車で5分 P40台
MAP P106A1

あづみのすーぷかれー はんじろー
安曇野スープカレー ハンジロー
素材の味を引き出すスープカレー

豚骨、鶏ガラ、牛肉、香味野菜、果物を12時間以上かけて煮込んだスープに、約20種類のスパイスを加えたスープカレーの専門店。辛さを調節してくれるので辛いものが苦手な人も安心。
DATA☎0263-82-0688 住安曇野市穂高4857-1 ⏰11時～14時30分LO（金・土曜は～19時LO）休水・日曜 交JR穂高駅から徒歩20分 P24台 MAP P107C2

かふぇ ばりえ
Café VARIE
ランチ&スイーツのほかクラフトの販売も

山麓エリアにある一軒家カフェ。白馬リゾートホテルで腕をふるったオーナーシェフが作るプレートランチのほか、手作りスイーツも人気。カフェの一角では、信州の作家の作品を販売。手ごろな価格の大人かわいい小物が並ぶ。
DATA☎0263-87-3323 住安曇野市穂高有明8177-1 ⏰11時30分～16時30分LO 休月・火曜（祝日の場合は翌日）交JR穂高駅から車で10分 P13台 MAP P107A3

えいこーん
acorn
目も心も豊かになるアイテム

職人が丹精込めて仕上げた美しい生活道具を中心に、作り手の思いが感じとれるアイテムを取り扱っている。また、大人から子どもまで楽しめる本や絵本なども並ぶ。
DATA☎0263-83-8159 住安曇野市穂高有明7984-3 ⏰11～16時 休月・日曜（冬期休業あり）交JR穂高駅から車で10分 P5台
MAP P107A3

といろや
十色屋
個性的な布製品が並ぶ

綿や麻など天然素材を、併設のアトリエで色とりどりに染め上げて作る小物や雑貨が充実。すべてオリジナルデザインで、バックやストールなどのアパレルグッズからのれんやタペストリーまで揃う。
DATA☎0263-83-2289 住安曇野市穂高有明2186-112 ⏰10時～16時30分 休火・水曜 交JR穂高駅から車で12分 P7台
MAP P107A1

まるやまかしほ ほんてん
丸山菓子舗 本店
安曇野の魅力を菓子で表現

明治42年（1909）創業、地元で愛される菓子店。店頭には常時60種類もの和洋菓子が並ぶ。安曇野の自然や民話にちなんだ創作菓子はみやげにもぴったり。写真のあづみ野花恋は1個151円～。
DATA☎0263-82-2203 住安曇野市穂高4537 ⏰9時～18時30分 休水曜 交JR穂高駅から徒歩10分 P3台 MAP P107C3

おちゃもと こちょうあん あづみのほんてん
お茶元 胡蝶庵 あづみ野本店
抹茶が香る特製スイーツ

明治時代から続く老舗茶屋。オリジナル抹茶スイーツは上質なお茶の香りが際立つ。人気のとろける抹茶生大福157円をはじめ、生どら焼など多彩な味が揃う。
DATA☎0263-73-6666 住安曇野市豊科5564-26 ⏰9時30分～19時 休無休 交JR豊科駅から徒歩10分 P35台 MAP P106B3

きたあるぷすぼくじょうちょくばいてん
北アルプス牧場直売店
大人気の牧場で休憩

牛乳ソフトクリーム370円は、安曇野の牧草を食べて育った牛から搾った牛乳をたっぷり使用。ミルクの風味が生きている。濃厚なおいしさが人気。ノンホモ低温殺菌牛乳900㎖480円も大好評。
DATA☎0263-83-7571 住安曇野市穂高有明8208-5 ⏰10～17時 休冬期不定休 交JR穂高駅から車で10分 P30台 MAP P107A3

安曇野を歩いているとあちこちで見かけるのが道祖神。厄除けや五穀豊穣、子孫繁栄の守り神で、市内に400体以上あります。

おいしくてヘルシー 安曇野みやげ

冷涼な気候が生み出すワインや乳製品、体によい健康茶などに注目です。安曇野みやげにいかが。

シャルドネ2020
750㎖ 2640円 ②
フレッシュな酸味と凝縮された果実感が味わえる辛口の白

仁科メルロー
720㎖ 2365円 ③
冷涼な大町市で栽培されたメルローを使用した辛口の赤

北アルプス牧場 のむヨーグルト
900㎖ 740円 ④
北アルプス牧場の良質な生乳にてんさい糖を少量加え、牛乳が苦手な人にも飲みやすい

プルミエ三郷 ピノ・ノワール
750㎖ 3240円 ③
自社農園産のピノ・ノワールで作った辛口の赤。スマートな渋みが味わえる

シナノゴールド シードル
375㎖ 1296円 ③
リンゴの香りとスッキリした飲み口で人気のシードル

ショップリスト

紅玉デザート2019
375㎖ 3300円 ②
長野県産の紅玉リンゴを冷凍果汁仕込みで醸造したデザートワイン

健康茶黒豆茶
15パック入り615円 ①
減農薬で育てた黒豆と緑茶、玄米をブレンド

百花蜜
500g 2400円 ①
松川村の養蜂園で採取されたハチミツ

メルロー2019
720㎖ 1800円 ⑤
長野県原産地呼称管理制度認定ワイン。辛口で限定240本の希少ワイン

北アルプス牧場 の牛乳
900㎖ 480円 ④
乳脂肪をそのまま残したコクのあるノンホモ低温殺菌牛乳

長寿の村の逸品を探す
安曇野北部
みちのえき あづみのまつかわ よってていまつかわ
道の駅 安曇野松川 寄って停まつかわ ①
☎0261-61-1200 住松川村5375-1 営9〜18時（レストランは〜17時40分LO）休無休 交JR細野駅から車で3分 P50台 MAP P106B1

県産のブドウとリンゴを使用
安曇野南部
あづみのわいなりー
安曇野ワイナリー ②
☎0263-77-7700 住安曇野市三郷小倉6687-5 営10〜17時（冬季は〜16時）休不定休 交JR一日市場駅から車で20分 P50台 MAP P101D3

約30種類のワインを製造販売
安曇野中心部
すいすむらわいなりー
スイス村ワイナリー ③
☎0263-73-5532 MAP P106C3
※商品購入はスイス村ハイジの里（☞P61）

牛乳とソフトクリームで人気
安曇野中心部 （☞P63）
きたあるぷすぼくじょうちょくばいてん
北アルプス牧場直売店 ④

地域の魅力を発信
安曇野中心部 （☞P61）
まちのえき あづみのべーす
まちの駅 安曇野BASE ④

清流・梓川と雄大な北アルプスの山々。
感動の絶景に出合える上高地へ

日本が世界に誇る山岳リゾート・上高地。
中心を流れる梓川とはるかに仰ぐ穂高連峰が
四季折々の美しい景観をつくり出しています。
美しい清流沿いの小径をハイキングしてみませんか。

これしよう！
絶景を眺めながら
贅沢なランチを
歴史あるリゾートホテル
で、絶景と本格洋食ランチ
を楽しもう。(☞P74)

これしよう！
憧れのホテルで
非日常を体感
クラシカルな老舗のリゾー
トホテルで、特別なひととき
きを。(☞P80)

これしよう！
穂高連峰を背に
記念撮影
河童橋は上高地を代表す
るスポット。付近にはみや
げ店も多い。(☞P69・70)

手つかずの自然が残る山岳リゾート

上高地

かみこうち

高山植物との出合いもハイ
キングの楽しみ。写真はミヤ
マキケマン

こんなところ

標高1500m地帯に広がる、日本を代表する
山岳リゾート。澄みきった梓川に架かる河
童橋や立ち枯れの木が点在する大正池は人
気のスポット。雄大な穂高連峰、鏡のよう
に山々を水面に映し出す明神池など、神秘
の絶景が訪れる人を魅了しています。

access

●松本駅から上高地へ
松本駅からアルピコ交通上
高地線で約30分、新島々駅
下車。アルピコ交通バス上高
地行き（予約制）で約1時間5
分、上高地ターミナル下車。
●松本ICから上高地へ
松本ICからさわんど駐車場地
区まで約33km、約1時間。シ
ャトルバスに乗り換え、上高地
バスターミナルまで所要約30
分、1300円（往復2400円）。
※詳細は☞P94～97

問合せ
☎0263-95-2433
上高地インフォメーションセンター
MAP P109C4

66

~上高地 はやわかりMAP~

上高地はココにあります！

富山県
大糸線
安曇野
岐阜県
穂高駅
●上高地
松本タウン
国宝 松本城
●松本駅
長野県

●風穴

穂高神社奥宮
明神池
嘉門次小屋
明神橋

廻沢へ

0   300m

治山林道（歩行不可）

小梨平
●森のリゾート小梨

岳沢分岐

上高地ビジターセンター

森や川沿いなど変化に富んだルート

河童橋〜明神コースは河童橋から右岸を歩き、明神橋で折り返し左岸を戻る。時間があればぜひ。

ラ・ベルフォーレ テラス
（☞P75）**5** ← → **6** **河童橋**（☞P69・70）

🏯上高地バスターミナル
六百山

ウェストン碑（☞P69）**4** ←

梓川

長野県
松本市

帝国ホテル前
上高地帝国ホテル

上高地バスターミナルはハイキングの拠点にも

バスターミナルには売店などもあり便利。近くには上高地インフォメーションセンターやビジターセンターもあり。

田代橋・穂高橋

3 **田代橋**（☞P68）

田代橋・穂高橋は絶好のビューポイント

梓川越しに穂高連峰を望む。橋のたもとには休憩スペースもある。

2 **田代湿原**（☞P68）

西穂山荘

田代池

1 **大正池**（☞P68）

焼岳小屋

太兵衛平

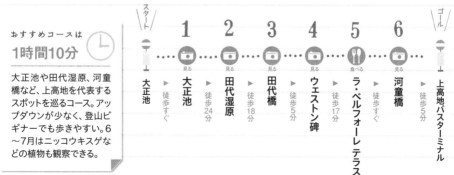

おすすめコースは

1時間10分

大正池や田代湿原、河童橋など、上高地を代表するスポットを巡るコース。アップダウンが少なく、登山ビギナーでも歩きやすい。6〜7月はニッコウキスゲなどの植物も観察できる。

スタート

1	2	3	4	5	6	ゴール
見る	見る	見る	見る	食べる	見る	

大正池 ▶ 大正池 ▶ 田代湿原 ▶ 田代橋 ▶ ウェストン碑 ▶ ラ・ベルフォーレ テラス ▶ 河童橋 ▶ 上高地バスターミナル

徒歩すぐ　徒歩24分　徒歩18分　徒歩5分　徒歩17分　徒歩すぐ　徒歩5分

上高地の王道スポットを歩く
大正池〜河童橋コース

ハイキング Part ❶

大正池、田代湿原、梓川と河童橋など、上高地を代表する絶景ポイントを巡るコース。
四季折々、表情豊かな上高地の自然を楽しみながら歩こう。

Check!

眺望と変化に富んだ
上高地のハイライト

コース各所に木道が敷かれ、道標や解説板も充実。初心者も気軽に楽しめる。アップダウンもほぼなく逆コースでも歩けるが、バス停大正池からシャトルバスに乗る際に満席というケースもあるので注意。春は残雪の穂高連峰、秋はハルニレやカラマツ・ミズナラの紅葉・黄葉が美しい。大正池の朝もやを見るなら7〜8時にはスタート地点へ。
☎0263-95-2433（上高地インフォメーションセンター）🚌上高地バスターミナルからす ぐ MAP P109C4

朝夕にはもやが立ち込め、幻想的な情景を醸し出す

Start

ばすていたいしょういけ
バス停大正池

長野県側の沢渡、岐阜県側の平湯温泉からのシャトルバスが停車。バス停すぐ前の大正池ホテルの脇を通って大正池へ。

❶ **大正池** たいしょういけ

大正4年（1915）の焼岳の大噴火による泥流が梓川をせき止め、一夜にして生まれたせき止め湖。

❷ **田代池** たしろいけ

正面の霞沢岳や六百山を通って湧き出してくる伏流水をたたえる。

❸ **田代湿原** たしろしつげん

田代池の西側の一帯で、上高地では代表的な湿原の一つ。

❹ **田代橋** たしろばし

梓川の左岸から中州まで架けられた橋。上流方向、梓川の向こうの穂高連峰の眺めに、足を止める人も多い。

ハイキングコースガイド

［全長］約4.3km ［所要時間］1時間10分（休憩含めず）

バス停大正池 →（徒歩ですぐ）❶ 大正池 →（徒歩で22分）❷ 田代池 →（徒歩で2分）❸ 田代湿原 →（※梓川コース）❹ 田代橋 →（徒歩で18分）❺ 穂高橋 →（※右岸で4分）❻ ウェストン碑 →（徒歩で17分）❼ 河童橋 →（徒歩で5分）上高地バスターミナル

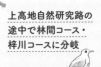

上高地自然研究路の途中で林間コース・梓川コースに分岐

田代湿原を過ぎると道は二手に分かれる。右手の林間コースは、若干のアップダウンがある木道で湿地帯を行く。左手の梓川コースは樹林帯の中、川岸に迫った木道を行く。どちらも所要時間・歩行距離はほぼ同じ。

⑦ 河童橋 かっぱばし

明治43年（1910）に架けられた初代は跳ね橋だったという。現在は平成9年（1997）に架け替えられた5代目。橋の上は穂高連峰がよく望める。

Goal
上高地バスターミナル
かみこうちばすたーみなる

梓川に架かる全長36.6m、幅3.1mのカラマツ製の吊り橋

⑥ ウェストン碑 うぇすとんひ

明治24年（1891）、上條嘉門次を案内人に北アルプスに挑んだ英国人宣教師、ウォルター・ウェストンの功績を伝えるレリーフ（石碑）。

⑤ 穂高橋 ほたかばし

中州から右岸に架かるのが穂高橋。橋から穂高連峰の眺めを楽しんだら、下流にそびえる焼岳にも目を向けてみよう。

大正池〜河童橋

明神池へ
明神へ
上高地ビジターセンター
河童橋 ⑦
上高地ホテル白樺荘
THE PARKLODGE 上高地
上高地西糸屋山荘
上高地アルペンホテル
五千尺ホテル上高地
上高地郵便局
タクシー乗降場
ウェストン園地
ウェストン碑 ⑥
上高地バスターミナル
上高地ルミエスタホテル
上高地観光センター
Goal
湿原
梓川
上高地温泉ホテル
田代橋 ④
中の瀬園地
上高地インフォメーションセンター
帝国ホテル前
山の神
上高地帝国ホテル
西穂山荘へ
穂高橋 ⑤
林間コース
長野県松本市
上高地自然研究路
田代湿原 ③
田代池 ②
24
梓川コース
中千丈沢の押し出し
大正池 ①
ボート乗り場
有料望遠鏡
Start
バス停大正池
大正池ホテル
中の湯・国道158号へ
100m

大正池、田代橋（中の瀬園地への分岐）、ウェストン園地、河童橋付近にチップ制のトイレがあります。

湿原と森の神秘に包まれる
河童橋～明神コース

ハイキング
Part ❷

梓川右岸の散策道を歩き、さまざまな自然の表情を楽しめる爽快なコース。
穂高神社奥宮とその神域である明神池は、上高地のルーツともいえる神秘的なスポット。

ハイキングコースガイド▶

［全長］約7.9km ［所要時間］**2時間25分**（休憩含めず）

上高地バスターミナル → 徒歩で5分 → ❶河童橋 → 徒歩で10分 → ❷岳沢湿原 → 徒歩で60分 → ❸穂高神社奥宮 → 徒歩すぐ → ❹明神池 → 徒歩で4分 → ❺明神橋 → 徒歩で4分 → ❻明神 → 徒歩で50分 → ❼小梨平 → 徒歩で12分 → 上高地バスターミナル

かみこうちばすたーみなる
上高地バスターミナル **Start**

松本方面、高山方面行きの発着点。ハイシーズンは途中の停留所から乗れないことが多いので注意。

Check!
往路は右岸道
帰路は左岸道を歩く

河童橋から明神まで、多少のアップダウンはあるが大半は整備された木道。帰路で使う左岸道は幅の広い砂利道が多く、歩きやすい。河童橋～明神エリアの間は水場・売店・食事処などがないので注意。逆ルートも好みでOK。明神のニリンソウや新緑が美しい5月中旬～6月中旬、明神池が紅葉に彩られる10月中～下旬がおすすめ。明神エリアに宿泊すれば、朝焼けに染まる明神岳や朝もやの明神池も楽しめる。

☎0263-95-2433（上高地インフォメーションセンター）🚌上高地バスターミナルからす
🚶 **MAP**P109C4

❶ かっぱばし
河童橋

橋の両側はみやげ店やレストランが集まり、登山者で賑わう。本コースでは復路でもここを通るが、時間が経つほど人出も多くなる。

晴れていれば出発前に
記念撮影をしておこう

❷ だけさわしつげん
岳沢湿原

穂高連峰から美しい扇形を描いて岳沢の下部に広がる湿原。初夏にはレンゲツツジに彩られる。

❸ ほたかじんじゃおくみや
穂髙神社奥宮

安曇野市穂高に本宮をもつ、穂高神社の奥宮。眼前の明神岳をご神体とし、祭神の穂高見命は北アルプスの総鎮守として知られる。

森林、林床、湿地など
多彩な環境で
植物観察も楽しみ

標高1500mの上高地では、山地帯と亜高山帯それぞれに咲く花々を観察できます。5月中頃になると、ニリンソウが咲き始め、河童橋付近や明神付近の林床に群落をつくります。緑色の幸運のニリンソウが見つかるかも。

⑥ 明神
みょうじん

左岸道では徳沢・横尾や、さらに先の山域を目指す登山客らが集う。

Goal

かみこうちばすたーみなる
上高地バスターミナル

⑦ 小梨平
こなしだいら

梓川左岸道を進み河童橋に近づくと広がる平地。キャンプ場のテントが点在。

散策の前後にふらっと

上高地ビジターセンターでは、上高地周辺の自然を写真やパネル、映像で紹介するほか、スタッフによるガイドウォークなども開催している。

⑤ 明神橋
みょうじんばし

梓川に架かる長さ54.4mの吊り橋で、本コースの折り返し地点となる。

④ 明神池
みょうじんいけ

一之池、二之池からなるが、2つの池はつながっている。穂高神社奥宮の神域にあたり、毎年10月8日には一之池にて「御船神事」が行われる。

木々の色が反射し水面が淡いグリーンに染まる

河童橋～明神

明神橋 ⑤
山のひだや
穂高神社奥宮 ③
明神池 ④
一之池
二之池
嘉門次小屋

徳沢へ↑
明神館
上條嘉門次の碑
明神 ⑥

N
200m

梓川右岸道

梓川

梓川左岸道

六百沢

長野県
松本市

森のリゾート小梨（キャンプ場）
岳沢分岐

⑦ 小梨平
上高地ビジターセンター
五千尺ホテル上高地
天然記念物・上高地の石碑

② 岳沢湿原

河童橋 ①
上高地インフォメーションセンター
上高地観光センター

上高地ホテル白樺荘
THE PARKLODGE 上高地
上高地西糸屋山荘
上高地アルペンホテル
穂高橋へ

岳沢・前穂高岳へ

Start & Goal
上高地バスターミナル
中の瀬園地へ

山小屋泊の1泊2日で往復する
明神〜涸沢コース

ハイキング Part③

明神から徳沢を過ぎ、高山植物や紅葉の名所として知られる涸沢までトレッキング。
涸沢には人気の山小屋もあり、泊まった人だけが味わえる山の夕暮れや朝焼けは格別。

Check!

本谷橋〜涸沢は
本格的な登山道

距離が長く、本谷橋〜涸沢は急な登山道となる。履き慣れたトレッキング靴に速乾性のウェア、雨具などの登山装備で臨みたい。悪天候時には山小屋などへ避難を。涸沢には夏でも雪渓が残るので、7月以前なら山小屋に確認を。7月末ごろまでは雪渓が残る風景にも出合えることも。紅葉は9月下旬〜10月上旬が見頃。早朝は穂高連峰が朝焼けに染まるモルゲンロートが楽しみ。

☎0263-95-2433（上高地インフォメーションセンター）🚌上高地バスターミナルからす
ぐ ⓂⒶⓅP109C4

かみこうちばすたーみなる
上高地バスターミナル

Start　Goal

売店や食事処も揃う。弁当・軽食も買えるので便利。手荷物預かり所やタクシー乗り場もある。

とくさわ
② 徳沢

昭和初期まで牧場があった徳沢。現在は2軒の山荘とキャンプ場があり、のどかな雰囲気が漂っている。

みょうじん
① 明神

スタートから約1時間、足を休めて水分補給やトイレを済ませよう。

5月中下旬〜6月上旬には、ハルニレ林の下をニリンソウの群落が白く彩る

ハイキングコースガイド

［全長］約31.2km（2日間合計）

［所要時間］1日目6時間20分・2日目5時間30分（休憩含めず）

上高地バスターミナル → ①明神 徒歩で60分 → ②徳沢 徒歩で70分 → ③横尾 徒歩で70分 → ④本谷橋 往路・徒歩で60分／帰路・徒歩で50分 → ⑤涸沢（宿泊） 往路・徒歩で120分／帰路・徒歩で80分 <

よこお
③ 横尾

槍沢と横尾谷が合流し梓川となる地点。これから向かう涸沢・穂高方面と、槍沢・槍ヶ岳方面の分岐点となる。

本谷橋から涸沢へ
最後のひと登り。
本格登山に挑戦

本谷橋を出発するとすぐにきつい登りが始まる。道はよく整備されているので、残雪がなければ特に危険箇所はない。途中大小の石がゴロゴロしている斜面を横切る箇所があるので、足元に注意しながら歩こう。

⑤ 涸沢
からさわ

日本有数のカール地形（氷河圏谷）の涸沢。はるか昔に氷河が押し出したモレーン（堆積堤）を登りきると、そこに涸沢ヒュッテが立つ。前穂高岳、奥穂高岳、涸沢岳、北穂高岳にぐるりと囲まれた絶好の展望地で、夏季や紅葉シーズンには多くのハイカーで賑わう。

紅葉の中に山小屋やカラフルなテントが点在する秋の涸沢カール

朝日で山々が赤く染まるモルゲンロート。泊まった人ならではの楽しみ

④ 本谷橋
ほんたにばし

横尾から樹林の道をゆるやかに登るうちに沢音が近づき、本谷橋が現れる。多くのハイカーが冷気を浴びながら河原でひと休みする。

河童橋〜明神〜涸沢

岐阜県
高山市
北穂高岳
蒲田富士
北穂高小屋
涸沢岳
涸沢小屋
④ 本谷橋
槍ヶ岳へ→
小横尾
尾尾岩
横尾大橋
明神〜涸沢
コース
涸沢ヒュッテ
横尾山荘
横尾
横尾避難小屋
横尾キャンプ場
涸沢分岐
穂高岳山荘
涸沢キャンプ場
ロバの耳
ザイテングラート
⑤ 涸沢
奥穂高岳
前穂高岳
③ 横尾
新村橋
日大診療所
岳沢小屋
重太郎新道
明神岳
氷壁の宿 徳澤園
徳沢
② 徳沢
徳沢ロッヂ
森のリゾート小梨
（キャンプ場）
明神館
山のひだや
穂高神社奥宮
嘉門次小屋
岳沢分岐
治山林道
河童橋
① 明神
明神池
明神橋
徳沢古池
徳沢キャンプ場
徳本峠入口
上高地ビジターセンター
上高地バスターミナル
Start ＆ Goal
N
1km

📖 涸沢には涸沢ヒュッテと涸沢小屋、2軒の山小屋があります。夏の連休やお盆、紅葉期は混雑するため早めに予約をしておきましょう。

リゾート感あふれる憧れホテルで
本格的な洋食ランチを

歴史あるホテルの優雅な雰囲気の中で、地の素材を使った料理や伝統のメニューを。
山岳リゾート・上高地ならではのお楽しみです。

✤ ランチコース 3300円
メインディッシュは最上級イベリコ
豚のステーキ野菜添え。歴史ある
リゾートホテルの味を満喫できる

2 田代橋周辺
ら・りゔぃえーる
ラ・リヴィエール

梓川沿いの自然を望みながらフレンチを

梓川右岸に立つリゾートホテルのメインダイニン
グ。前身の清水屋旅館時代から変わらない正統派
フレンチの温かみのある味を、ランチコースやアラ
カルト料理で楽しめる。上高地周辺の野菜を使用
するなど、素材にはこだわりがあり、河童橋が描か
れたプレートも料理の味を引き立てている。

☎0263-95-2121 住松本市安曇上高地4469-1上高地ル
ミエスタホテル内 ◑4月下旬～11月中旬営業の11時30分～
13時LO(要予約) 休期間中無休 交バス停帝国ホテル前から
徒歩10分
MAP P109A3

1本日のパスタ2090円。
旬の食材を使い彩り豊か
2ローストビーフ丼2860
円は国産牛を贅沢に使用
3散策道に面した明るい
空間

大正池近辺のランチは
大正池ホテルへ

大正池ホテル内の「レストラン レイク
ビュー」ではハヤシライス1500円(写
真)や山賊焼きプレート1500円のほ
か、そば・うどん900円～など散策前
後の軽いランチもできる(☞P82)。
☎0263-95-2301 MAP P109A4

信州牛ボロネーゼ 2500円
信州牛ひき肉の自家製ボロネー
ゼ。じっくり煮込んだ人気の一皿

河童橋周辺
ら・べるふぉーれ てらす

ラ・ベルフォーレ テラス

四季折々の絶景が楽しめるレストラン

穂高連峰に面したオープンテラスのレストラン。信州
牛を贅沢に使用したボロネーゼやビーフカレーなど、
ボリュームあるメニューが揃う。雄大な自然を眺め
ながらのバーベキューを楽しむこともできる。
☎0263-95-2131 ⬛松本市安曇上高地4468上高地ホテル
白樺荘内 🕐4月下旬～11月中旬の10～15時(季節により
変動あり。ランチ11時～13時30分) 🈳期間中無休 🚶河童橋
からすぐ MAP P109C3

1信州牛ビーフカレー3000円はボリューム満点なのでランチにぴったり 2岩魚塩焼
き定食1700円も人気 3上高地ならではの絶景が楽しめるオープンテラス

田代橋周辺
あるぺんろーぜ

アルペンローゼ

伝統の味をチロル風レストランで

木立に囲まれた上高地帝国ホテルにある、カジュ
アルなレストラン。ランチでは、信州の素材を生か
しつつ、ホテル伝統のレシピで作られるアラカルト
料理を楽しめる。帝国ホテル伝統のビーフカレー
(写真右)は一番人気。
☎0263-95-2001 ⬛松本市安曇上高地 上高地帝国ホテ
ル1階 🕐4月下旬～11月上旬の11時～14時30分 (14時LO)
🈳期間中無休 🚶バス停帝国ホテル前からすぐ
MAP P109A3

1信州産地卵のオムライス
とハッシュドビーフ3300円
(サービス料別)。地卵たっ
ぷりの半熟卵に、ホテル伝
統のデミグラスソースを使
ったハッシュドビーフが絶品
2アルペンムードが漂う山
荘風のレストラン

帝国ホテル伝統の
ビーフカレー
3000円(サービス料別)
開業時から歴代の料理長が受け継ぐ
欧風カレー。グリーンサラダ付き

📖 上高地帝国ホテルのレストラン、アルペンローゼで食事した後は、ロビーにあるギフトショップ(→P84)にも立ち寄ってみましょう。

ハイカーたちのお腹を満たす
カジュアルな食堂の山ごはん

信州の食材を使ったボリューム満点のメニューがずらり。
観光客が多いシーズンには、時間をずらして利用するのがおすすめです。

河童橋周辺
ごせんじゃくきっちん
五千尺キッチン

郷土色豊かな和食メニューが豊富

五千尺ホテル上高地に隣接する別館2階にあり、眺望が抜群のレストラン。信州米豚のソースカツ丼2280円や信州河童味噌ラーメン990円など、素材も味もこだわりの料理が揃う。

☎0263-95-2111 住松本市安曇上高地4468五千尺ホテル上高地内 ⏰4月17日〜11月中旬の10〜15時LO（季節により変動あり）休期間中無休 交河童橋からすぐ
MAP P109C3

《おすすめメニュー》
・五千尺スパイシーポークカレー
　　　　　　　　　　　1780円
・黄金のバターチキンカレー
　　　　　　　　　　　1780円
・バター醤油香るおろし茸のハンバーグランチ（数量限定）2480円

▲窓際のカウンターは特等席だ

▲山賊定食1580円。特製ダレに漬け込んだ鶏モモ肉をカリッと揚げ焼きする山賊焼。定食はご飯おかわりOK

▲周囲の緑も心地よい店内

河童橋周辺
かみこうちあるぺんほてるしょくどう
上高地アルペンホテル食堂

喧騒を離れ落ち着いたランチを

賑やかな河童橋からやや離れ、比較的ゆったりと食事ができる。料理は信州サーモンをはじめ、信州の伝統野菜や山菜など地元素材にこだわり。

☎0263-95-2231 住松本市安曇上高地4469-1上高地アルペンホテル内 ⏰4月下旬〜10月下旬の土・日曜の11時30分〜13時30分LO（要問合せ）休期間中の平日 交河童橋から徒歩5分 MAP P109B4

◀信州サーモン丼セット1800円。肉厚でトロリととろける舌ざわりが評判の信州サーモンがのった丼に、山菜汁とデザートをセット

おいしいお弁当を持ってハイキングへ

五千尺キッチンでは、山賊焼やカレーライスなどの人気メニューをお弁当でテイクアウトすることもできる。ハイキング途中、ベンチなどでひと休みしながら食べる食事は格別。

上高地 ● カジュアルな食堂の山ごはん

徳沢周辺
みちくさしょくどう

みちくさ食堂

野沢菜たっぷりのチャーハンが人気

ハイカーたちにも長年愛されてきた食堂。人気の野沢菜チャーハンのほか、山の手作りカレー1000円、うどん・そば類各種900円、おでん680円などで、お腹を満たす人の姿が絶えない。

☎0263-95-2508 住松本市安曇上高地4468氷壁の宿徳澤園内 ⏰4月下旬〜11月上旬の7〜19時（食事は8〜14時）休期間中無休 交河童橋から徒歩2時間10分 MAP P108C1

〈おすすめメニュー〉
・ボローニャハムときのこの
　手作り窯焼きピザ　　1450円
・天然酵母の蜂蜜トースト　550円

▲野沢菜チャーハン1000円。栽培から収種まで自家製で作られた野沢菜漬けを使用。11〜13時の限定

▲山の手作りカレー。懐かしい昔ながらの味が疲れた体に染み渡る

▲山小屋風の店内。ハイカーも登山者も楽しみに立ち寄る

田代橋周辺
やまのらうんじ

やまのらうんじ

手作りカレーにトッピング

〈おすすめメニュー〉
・白玉ぜんざい
　　　　　　600円
・松本産りんご
　ジュース　600円

料理長手作りのオリジナルカレー920円〜には、好みでチーズやハンバーグのトッピングを。立ち寄り入浴の後にはケーキ各種500円〜や高原ジュース710円もおすすめ。

☎0263-95-2311 住松本市安曇上高地4469-1上高地温泉ホテル内 ⏰4月下旬〜11月上旬の7〜15時（食事11〜14時）休期間中無休 交バス停帝国ホテル前から徒歩7分 MAP P109A3

▲陽光も心地よい明るい雰囲気の店内

▲ハンバーグカレー1220円はボリューム満点

河童橋周辺
かふぇこなし

カフェ小梨

テイクアウトメニューも充実

〈おすすめメニュー〉
・ざるそば
　　　　　1050円
・カツ丼
　　　　　1450円
・コロッケバーガー
　　　　　700円

河童橋たもとにあるセルフサービス店。山賊バーガー800円をはじめバーガー・サンド類や、上高地コロッケ350円などの気軽なメニューが充実。

☎0263-95-2131 住松本市安曇上高地4468上高地ホテル白樺荘内 ⏰4月下旬〜11月上旬の8〜15時LO（季節により変動あり）休期間中無休 交河童橋からすぐ MAP P109C3

▲利用しやすいメニューが豊富に揃う

▲信州産トマトのカレー 950円。ちょっぴり辛口でトマトの深い味わいが◎

📖 観光センター1階にある上高地アルピコショップでは、おやきや惣菜パンなど気軽なテイクアウトフードを購入することができます。

散策の後のお楽しみ。
くつろぎ空間で絶品スイーツを

散策後には落ち着いたカフェでゆっくりと足を休ませたいところ。
おいしいスイーツが一緒なら、疲れも一気に吹き飛びます。

本日の自家製ケーキ
700円〜
この日のケーキはバナナタルト。ほんのり軽い甘みとバナナの香りは手作りならでは

カマンベールチーズケーキ
1100円
中はチーズのムース。甘酸っぱいフランボワーズのソースと一緒に

明神周辺

かふぇ・ど・こいしょ

カフェ・ド・コイショ

木造りの山荘にできたケーキカフェ

もとは明神池近くの山荘にあった、いろり食堂「どっこいしょー」。おすすめはパティシエが毎日作る日替わりスイーツと、焙煎ドリップコーヒー800円。季節替わりの焼き菓子も登場。

☎0263-95-2211 住松本市安曇上高地4469-1山のひだや内 時4月下旬〜11月上旬の9時〜14時30分LO 休期間中の水・木曜 交河童橋から徒歩1時間15分 MAP P109C1

田代橋周辺

ろびーらうんじ ぐりんでるわると

ロビーラウンジ グリンデルワルト

ゆったり流れる時間とともに味わう伝統の味

上高地帝国ホテルのラウンジ。カマンベールチーズケーキをはじめ定番ケーキは3種、ほか季節のケーキやタルトなどがペストリーで作られるが、午後には売り切れることも。

☎0263-95-2001 住松本市安曇上高地 上高地帝国ホテル1階 時4月下旬〜11月上旬の9時〜16時30分（16時LO、ケーキの販売は10〜16時）休期間中無休 交バス停帝国ホテル前からすぐ MAP P109B3

こだわり卵のクレームブリュレ800円。焦がし砂糖のパリパリ感が心地よい

オイルランプが灯る木造の宿の中にオープン

伝統の味わい「上高地帝国ホテルのカスタードプリン」1950円（セット）

大きなマントルピースが存在感を放つラウンジ

信州の季節の味覚を絶品スイーツに

旬のフルーツを使った限定スイーツにも注目。夏の桃や秋のリンゴや栗など、四季それぞれに日本でも有数の果物が揃うのは長野ならでは。

上高地　●くつろぎ空間で絶品スイーツを

レアチーズケーキ
780円
定番ケーキ2種の中でも不動の人気を誇る一品。濃厚でコクのあるチーズケーキに手作りのブルーベリーソースがたっぷり

本日の自家製ケーキ
660円～
季節のフルーツを使った日替わりのケーキ（手前）。ほかにシュークリームなども人気

河童橋周辺
すいーつかふぇあんどばー「らうんじ」
スイーツカフェ＆バー「LOUNGE」
穂高連峰を望みながら贅沢感いっぱいのケーキ

朝どれの卵をふんだんに使ったケーキが好評。旬の果実が満載の季節限定ケーキも見逃せない。六百山の地下水を使用するコーヒーや紅茶各680円と一緒に味わおう。

☎0263-95-2111 住松本市安曇上高地4468五千尺ホテル上高地内 営4月17日～11月中旬の9時30分～16時30分LO（季節により変動あり）休期間中無休 交河童橋からすぐ MAP P109C3

田代橋周辺
てらすかふーね
テラス香風音
川のせせらぎをBGMに絶品スイーツを堪能

梓川河畔の散策道に面したホテルのテラスがカフェに。毎朝作られるケーキは常時4～6種類。清水川の名水で淹れるコーヒーや紅茶、ハーブティーも合わせて楽しみたい。

☎0263-95-2121 住松本市安曇上高地4469-1上高地ルミエスタホテル内 営4月下旬～11月中旬の11時30分～13時LO 休期間中無休 交バス停帝国ホテル前から徒歩10分 MAP P109A3

季節限定ケーキ980円～。旬のフルーツを贅沢に使用

松本民芸家具を配したレトロモダンな空間でくつろぐ

カッパのムース660円～をはじめ見た目もかわいらしく、色も鮮やか

目の前の梓川の向こうに、霞沢岳・六百山の山並みが広がる

こだわりのスイーツと本格英国紅茶で優雅なティータイムが過ごせる「ラ・ベルフォーレ テラス」（→P75）もおすすめです。

79

上高地の伝統を受け継ぐ憧れの3大リゾートホテル

北アルプスが国立公園に指定される以前から登山客や旅行者を迎え入れてきた名門ホテル。
華やかながらくつろぎのひとときを堪能できます。

スイス・アルプスの山小屋を思わせるデザインは上高地の自然に見事に調和している

田代橋周辺

かみこうちていこくほてる

上高地帝国ホテル

上高地を代表する山岳リゾート

赤い三角屋根が印象的な、スイスの山小屋風の建物。客室はベランダ付きスイートなど74室。大きなマントルピースを設けた吹き抜けのラウンジなど、館内には古き良きリゾートのムードが漂う。レストランやラウンジでは帝国ホテル伝統のメニューに加えて、地元素材を生かした上高地ならではのメニューも味わえる。

☎0263-95-2001 ☎03-3592-8001(冬季)
☎0263-95-2006(予約専用) 松本市安曇上高地 4月下旬～11月上旬営業 バス停帝国ホテル前からすぐ 送迎なし 74室(すべて洋) 鉄筋3階 昭和8年(1933)開業 風呂:客室付き浴室のみ MAP P109A3

1ベッドルームとリビングルームを備えた人気のスイート。専用のベランダからは雄大な穂高連峰を独り占めできる(全室禁煙) 2ホテルのシンボルともいえる暖炉のマントルピースが印象的なラウンジ

料金
1泊食事別(1室料金)
3万7950円～
IN 14時／OUT 11時

✤Note
夏場以外の気温が下がる日には、ベルマンによる暖炉の火入れ式が17時から行われる。火を囲んでコーヒーやカクテルを楽しむことができる。

源泉かけ流し ルームサービス エステあり 禁煙ルームあり 大浴場あり インターネット可 ひとり宿泊OK

上高地で立ち寄り湯を満喫

散策後のひと休みに立ち寄り湯で天然温泉を楽しむのもおすすめ。入浴料は上高地ルミエスタホテル2220円、上高地温泉ホテル(→P83)800円など。上高地ルミエスタホテルでは、ランチが付いた入浴プラン「スパ＆ランチ」4000円〜(前日までに要予約)も用意。

河童橋周辺

ごせんじゃくほてるかみこうち

五千尺ホテル上高地

河童橋そばに立つ伝統あるホテル

河童橋の目の前、大正時代から上高地を見守ってきた老舗ホテル。上質なサービスにリピーターも多い。客室はすべて洋室で、梓川のせせらぎを聞きながら過ごせる部屋も。いずれも和を取り入れたモダンな造りで、特に「上高地スイート」は、すべて日本製にこだわっている。定番の豚汁やオリジナルのジャムが登場する朝食も楽しみ。

☎0263-95-2111 住松本市安曇上高地4468 営4月下旬〜11月上旬営業 交河童橋からすぐ 送迎なし 客29室(すべて洋) ●鉄筋4階 ●大正7年(1918)開業 ●風呂:内湯1 MAP P109C3

1 伝統工芸品「松本民芸家具」をしつらえ、風格あるメインダイニング「GRAND」
2 日本製にとことんこだわった上高地スイート。76㎡あり、開放感も抜群

料金
1泊2食付 (2名1室／1名分)
÷ 平日・休前日　2万8500円〜
IN 15時／OUT 11時

✿Note

料理長はレシピ本も出している小浜英展氏。ダイニングではフレンチがベースの独創的な「五千尺キュイジーヌ」が楽しめる。

※写真はイメージです

田代橋周辺

かみこうちるみえすたほてる

上高地ルミエスタホテル

瀟洒な温泉リゾートホテル

梓川の河畔に立つ、天然温泉と本格フランス料理を楽しめるリゾートホテル。前身はウォルター・ウェストンや高村光太郎も宿泊した清水屋旅館。全客室から梓川や霞沢岳・六百山を望め、温泉は大浴場、露天風呂のほか客室でも楽しめる。夕食のフレンチは地元食材を取り入れた本格派だ。リピーターも多い。

☎0263-95-2121 住松本市安曇上高地4469-1 営4月26日〜11月中旬営業 交バス停帝国ホテル前から徒歩10分 送迎なし 客38室(和4,洋34) ●鉄筋4階 ●風呂:内湯1 露天1 貸切2 MAP P109A3

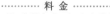

1 正面に霞沢岳・六百山の雄大な眺めを望むカフェテラス
2 さわやかな風が吹き抜ける岩造りの露天風呂で、源泉かけ流しの湯あみが楽しめる
3 横幅5mを超える大きな窓からパノラマビューが楽しめるプレミアムシアタールーム

✿Note

「日本近代登山の父」とよばれたウォルター・ウェストンをはじめ、数々の著名人が訪れた。ウェストンによる外国人登山者のための署名簿「クライマーズブック」も残されている。

料金
1泊2食付 (2名1室／1名分)
÷ 平日・休前日　3万3150円〜
IN 14時／OUT 11時

昭和初期にはすでに年間2〜3万人の登山客が訪れていたこともあり、上高地は日本有数の山岳リゾートとして発展してきました。

上高地 ● 憧れの3大リゾートホテル

ハイカーたちに愛される
アットホームな宿

開山期間中、連日多くのハイカーが訪れる上高地には、多くの宿泊施設があります。
宿泊してこそ見られる、朝焼けや朝もやの幻想的な景色も宿ステイの魅力です。

河童橋周辺
かみこうちあるぺんほてる
上高地アルペンホテル

石造りの公営リゾートホテル

賑やかな河童橋から少し歩いた木立の中の松本市営ホテル。ロビーやレストランなど、館内随所で周囲の緑を感じられる。穂高連峰を望める大浴場は立ち寄り入浴も可。客室は相部屋のハイカーズベッド（1泊2食付1万1550円～）もある。

☎0263-95-2231 🏠松本市安曇上高地4469-1 📅4月下旬～11月中旬営業 🚌河童橋から徒歩5分 🚐送迎なし 🛏27室（和室・洋室・和洋室23、相部屋4）●鉄筋地下1階地上3階●昭和29年(1954)開業●風呂:内湯2 **MAP**P109B4

1 夕食・朝食ともに美しい緑を眺めるレストランで楽しめる
2 穂高連峰を一望する大浴場は男女日替わり
3 大きなマントルピースがある吹き抜けのロビー

········· 料金 ·········
1泊2食付（2名1室／1名分）
✣ 平日・休前日 1万9250円～
🕐 IN 14時30分／OUT 9時30分

✣Note
食事は、信州牛やイワナ、信州サーモンなど地の素材が並ぶ和会席。「信州の伝統野菜」と「信州オリジナル食材」の認定を受けている。

大正池
たいしょういけほてる
大正池ホテル

大正池湖畔唯一のホテル

朝夕、もやに包まれる大正池を望める絶好のロケーション。特にレストランレイクビューは大正池と焼岳を存分に眺められるとあって、日中はハイカーにも人気。館内はシンプルで明るく快適。宿泊者向けの星空ガイドツアーも定期的に開催。

☎0263-95-2301 🏠松本市安曇上高地4468 📅4月下旬～11月中旬営業 🚌バス停大正池からすぐ 🚐送迎なし 🛏27室（和6、洋21）●鉄筋3階●昭和28年(1953)開業●風呂:内湯2 **MAP**P109A4

1 大正池に臨んで立つ一軒宿
2 客室は大正池側3階（写真）と霞沢岳側のいずれかになる

········· 料金 ·········
1泊2食付（2名1室／1名分）
✣ 平日・休前日 1万4000円～
🕐 IN 15時／OUT 10時

✣Note
星空ガイドツアーのほか、夕方のネイチャーガイド、早朝のミニガイドウォークなど宿泊者限定のツアーを開催。開催日程は要確認。

河童橋周辺
かみこうちほてるしらかばそう
上高地ホテル白樺荘

穂高連峰を正面に仰ぎ見る

河童橋たもとに立つ絶景のホテル。上高地の宿の中でも眺望は随一で、特に「穂高連峰独占の部屋」は人気だ。宿泊者以外もレストランやオープンテラスで休憩できるほか、ショップやレンタルなど散策の拠点として便利。

☎0263-95-2131 🏠松本市安曇上高地4468 📅4月下旬〜11月中旬営業 🚌河童橋からすぐ 🚐送迎なし 🏠55室(和17、洋38) ●鉄筋3階 ●昭和2年(1927)開業 ●風呂:内湯2 MAP P109C3

1 河童橋を渡ると正面に位置する
2 開放感のあるテラスでは、ハンモックが利用できる部屋も

············ 料 金 ············
1泊2食付(2名1室/1名分)
÷ 平日・休前日 2万円〜
🕐 IN 15時／OUT 10時

✲Note
上高地の自然を熟知するプロガイドによるネイチャーガイドツアーの拠点となっている。ホテルのHPからも予約が可能。

田代橋周辺
かみこうちおんせんほてる
上高地温泉ホテル

3つの源泉を贅沢にかけ流し

文政年間(1818〜30)に発見されたという上高地温泉で、130年の歴史をもつ和風ホテル。芥川龍之介や高村光太郎ら文人墨客が多数滞在している。ギャラリーのあるゆったりとした館内で、川音を聞きつつ過ごしたい。

☎0263-95-2311 🏠松本市安曇上高地4469-1 📅4月下旬〜11月中旬営業 🚌バス停帝国ホテル前から徒歩7分 🚐送迎なし 🏠55室(和47、洋8) ●鉄筋4階 ●明治19年(1886)開業 ●風呂:内湯2 露天2 貸切1 MAP P109A3

1 「焼の湯」の露天風呂。内湯・露天風呂と樽風呂ではお湯の泉質が異なる
2 客室は山側または川側。特に川側の角部屋は眺望抜群だ

············ 料 金 ············
1泊2食付(2名1室/1名分)
÷ 平日・休前日 1万8080円〜
🕐 IN 15時／OUT 10時

✲Note
敷地内に泉質の異なる3つの源泉をもっており、2つの内湯も・露天風呂で楽しめるほか、バス付客室(23室)の風呂にも配湯されている。

明神
みょうじんかん
明神館

泊まって眺めたい朝焼けの明神岳

明神岳を間近に望む立地。岩峰が朝焼けに染まる様子や、朝もやの明神池を見られるのは、宿泊者ならではの楽しみだ。客室は和室のほか洋室の相部屋(1泊2食付き1万1500円)も。館内の明神カフェはイワナ料理が名物。

☎0263-95-2036 🏠松本市安曇上高地4468明神 📅4月下旬〜11月上旬営業 🚌河童橋から左岸道利用で徒歩45分 🚐送迎なし 🏠34室(和26、ベッド相部屋8) ●木造2階 ●昭和8年(1933)改名開業 ●風呂:展望露天風呂2 MAP P109C1

1 簡素ながら快適な客室(一例)
2 シャンプーも備えた大浴場
3 十字路分岐点、明神の一軒宿

············ 料 金 ············
1泊2食付(2名1室／1名分)
÷ 平日・休前日 1万7000円〜
🕐 IN 14時30分
OUT 8時30分
(※16時ごろまでのチェックイン推奨)

✲Note
館内のテラスからも朝焼けに染まる明神岳岩峰群を正面から拝める。

 上高地には数多くのホテルがありますが、少し離れたところにある坂巻温泉と中の湯温泉も人気があります。

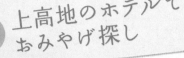

上高地のホテルでおみやげ探し

旅の思い出に、リゾートホテルのハイクオリティなグルメみやげやオリジナルグッズを手に入れましょう。

ショップリスト

アルペンの便り
820円 1
アーモンドボールとココアのクッキーの詰合せ。箱に住所を書いて郵送もOK

オリジナルフィナンシェ
各230円～ 3
信州の菓子工房シュテルンとホテルがコラボしたオリジナル。焦がしバター、抹茶、ショコラの3種類

上高地帝国ホテル
オリジナルテディベア
4500円 1
毎年250体限定で足裏に年号入り。デザインは毎年変わる

ベイクドチーズタルト
800円 2
五千尺ホテルのティールームで抜群の人気を誇るチーズケーキをおみやげ用にしたタルト

ケークフリュイ
各420円～
洋菓子に力を入れるホテルのパティシエが手作り。フルーツミックス、リンゴ・ショコラほか5種で、各ミニサイズもあり

天然醸造醤油
360㎖ 680円 5
松本の醸造元により昔ながらの製法で造られる薄口醤油。塩辛すぎず、自然の風味が楽しめる

特製アップルパイ
420円 4
ホテルのラウンジでも人気の一品。リンゴの果肉とカスタードクリームの組み合わせが絶妙

ドレッシング
360㎖ 680円 5
山口県産だいだいの果肉を使用した、フルーティで低カロリーのオリジナルドレッシング

安曇野産玉葱タルタルディップ
プレーン780円（左）卵850円（右） 2
エクストラオリジナルバージンオイルでソテーしたタマネギと、コクのあるマヨネーズ調味料がほどよく調和

ショップリスト

限定商品など人気商品に注目
田代橋周辺
かみこうちていこくほてる ぎふとしょっぷ
上高地帝国ホテルギフトショップ 1
☎0263-95-2001 住松本市安曇上高地 上高地帝国ホテル 時8～20時 休ホテル営業期間中無休 交バス停帝国ホテルからすぐ MAP P109A3

期間限定商品にも注目
河童橋周辺
かみこうちのおみやげや
上高地のおみやげや 2
☎0263-95-2111 住松本市安曇上高地4468 五千尺ホテル上高地 時7～18時 休ホテル営業期間中無休 交河童橋からすぐ MAP P109C3

写真映えするアイテムに注目
田代橋周辺
かみこうちるみえすたほてる ばいてん
上高地ルミエスタホテル売店 3
☎0263-95-2121 住松本市安曇上高地4469-1 上高地ルミエスタホテル 時7時30分～17時 休ホテル営業期間中無休 交バス停帝国ホテル前から徒歩10分 MAP P109A3

不動人気のアップルパイ
河童橋周辺
しょっぷしらかば
ショップ白樺 4
☎0263-95-2131 住松本市安曇上高地4468 上高地ホテル白樺荘 時8～18時 休ホテル営業期間中無休 交河童橋からすぐ MAP P109C3

オリジナルドリンクに注目
河童橋周辺
かみこうちあるぺんほてる ばいてん
上高地アルペンホテル売店 5
☎0263-95-2231 住松本市安曇上高地4469-1 上高地アルペンホテル 時7～20時 休ホテル営業期間中無休 交河童橋から徒歩5分 MAP P109B4

温泉天国・信州は個性豊かな温泉宿がいっぱいです

松本市街地に近い浅間温泉と美ヶ原温泉、安曇野の自然に抱かれた穂高温泉郷、白濁の湯で知られる白骨温泉。個性ある4つの温泉地を紹介します。

約1300年の歴史をもつ名湯
松本藩主も愛した浅間温泉へ

数々の文人墨客に愛された浅間温泉は、松本市街を観光するのに便利。
松本城まで車で10分、路線バスも充実しています。

あさまおんせん
浅間温泉って
こんなところ

平安時代に発見されたという名湯。江戸時代には松本藩主が入浴するための御殿湯が置かれ厚く保護された。山裾のゆるやかな傾斜地に21軒の湯宿と3軒の日帰り湯が点在。アルカリ性単純温泉の湯は、なめらかな肌ざわりが特徴的だ。

アクセス

🚌 **バス**：松本駅からアルピコ交通バス浅間線で浅間温泉まで約30分

🚗 **自動車**：長野自動車道松本ICから国道158号、県道295号、282号で浅間温泉まで約7km

広域MAP P103

問合せ
浅間温泉観光協会☎0263-46-1800
松本市観光プロモーション課
☎0263-34-3000（代表）

1 背景を山に抱かれた松本市街地の北東部側に位置する温泉地。まさに奥座敷といった趣 2 浅間温泉会館にある無料の足湯（**MAP** P86） 3 温泉街北部に位置する御射神社春宮。毎年10月初旬に松明祭りが開催される（**MAP** P103E1） 4 北アルプスをイメージした温泉街入口の看板

これも チェック

浅間温泉の魅力を
引き出す松本十帖

松本十帖では、老舗旅館・小柳を再生した「hotel小柳」、ブックストアを併設した「hotel松本本箱」の2つの宿を中心に、温泉街を盛り上げている。

ファミリー向けの施設が充実したhotel小柳

まつもとじゅうじょう
松本十帖
☎0570-001-810（12〜17時）
🏠 松本市浅間温泉3-15-17 🚌 バス停浅間温泉街から徒歩5分 🚐 送迎あり 🅿35台 ※詳細はhttps://matsumotojujo.com/journal/
MAP P86

1階にブックストアを併設するhotel松本本箱

浅間温泉
0 100m
徒歩2分

界 松本

かい まつもと

星野リゾートが全国に展開する温泉旅館ブランド「界」の一つ。8種13通りの湯殿があり、全26室のうち15室には専用露天風呂を完備。また、音楽に造詣の深い松本の街にちなみ、クラシックなどのコンサートがロビーで開催されている。

1泊2食付料金
÷平　日 3万1000円〜
÷休前日 4万1000円〜
⋯⋯⋯ 時間 ⋯⋯⋯
IN15時　OUT12時

☎0570-073-011 🏠松本市浅間温泉1-31-1 🚌バス停ホットプラザ浅間前から徒歩1分 🚗送迎なし 🅿17台 🛏26室 ●風呂：内湯7 露天3
MAP P86

伝統とモダンの融合 美しい音色も添えて

天然白木の大風呂、寝湯、露天風呂などが揃う

山映閣

さんえいかく

浅間温泉で最も高台に位置する隠れ家のようなたたずまいの温泉宿。客室や露天風呂からは松本市街や北アルプスを一望できる。山菜や信州そば、信州サーモンなどの地物を使用した会席料理は、旬のうま味が感じられる。

1泊2食付料金
÷平　日 1万8850円〜
÷休前日 2万2150円〜
⋯⋯⋯ 時間 ⋯⋯⋯
IN15時　OUT10時

☎0263-46-8222 🏠松本市浅間温泉3-33-10 🚌バス停湯坂から徒歩10分 🚗(松本駅から)送迎あり(3名以上) 🅿16台 🛏11室 ●2007年創業 ●風呂：内湯2 露天2
MAP P86

信州の素材をふんだんに使った会席料理を心ゆくまで

松本の街並みを眼下に望める

東石川旅館

ひがしいしかわりょかん

白壁の蔵造り建築が印象的な純和風旅館。館内も民芸調で統一され、古民家再生で名高い建築家・降幡廣信氏が手がけた「民芸調広場あかり」でにぎわう朝食も楽しみの一つ。夕食には信州名物の馬刺しやそばなどが登場する。

1泊2食付料金
÷平　日 1万4300円〜
÷休前日 1万5400円〜
⋯⋯⋯ 時間 ⋯⋯⋯
IN15時　OUT10時

☎0263-46-1024 🏠松本市浅間温泉1-29-3 🚌バス停下浅間からすぐ 🚗送迎なし 🅿15台 🛏10室 ●風呂：内湯 露天2 貸切1
MAP P86

民芸調に心癒される白壁蔵造りの宿

樹齢350年の木曽檜で覆われた露天風呂でゆっくりと浸かれる

菊之湯

きくのゆ

明治24年(1891)創業の老舗旅館。建物は松本周辺の伝統的な民家建築、本棟造りを再現。「菊風呂」と「紅風呂」2つの温泉を時間ごとに男女入れ替えで浸かれる。また、信州の新鮮な野菜を中心にして作られた会席料理を味わえる。

1泊2食付料金
÷平　日 1万9950円〜
÷休前日 2万1050円〜
⋯⋯⋯ 時間 ⋯⋯⋯
IN15時　OUT10時

☎0263-46-2300 🏠松本市浅間温泉1-29-7 🚌バス停浅間温泉から徒歩2分 🚗送迎なし 🅿15台 🛏15室 ●風呂：内湯2 露天1 MAP P86

レトロな風情漂う本棟造りの老舗旅館

イタリア産大理石で作った菊が配された浴槽

浅間温泉 ● 松本藩主も愛した浅間温泉へ

🏠源泉かけ流し　🍴部屋食　💆エステあり　🚭禁煙ルームあり(全館禁煙の場合も含む)　♨大浴場あり　🛏ひとり宿泊OK

北アルプスや市街地を一望する美ヶ原温泉で癒やされる

美ヶ原高原散策で疲れた体を癒やしてくれるやわらかな温泉。
美ヶ原ならではの手が届きそうな星空も素敵な思い出に。

+ うつくしがはらおんせん

美ヶ原温泉
ってこんなところ

『日本書紀』にも登場する有名な古湯。開湯の歴史は奈良時代にまで遡る。昭和58年（1983）には効能豊かな泉質が評価され、国民健康保養地に指定されている。美ヶ原高原の玄関口として知られ北アルプスや松本市街を望む景色も素晴らしい。

アクセス
🚌 **バス**：松本駅からアルピコ交通バス美ヶ原温泉線で美ヶ原温泉まで約22分
🚗 **自動車**：長野自動車道松本ICから国道158号、143号、県道67号、284号で美ヶ原温泉まで約7km

広域MAP P103

問合せ
美ヶ原温泉旅館協同組合
☎0263-33-2353
松本市観光プロモーション課
☎0263-34-3000（代表）

1 明治元年（1868）創業の旅館すぎもと。風情ある外観、館内には松本民芸家具を配するなど、趣ある雰囲気に包まれている　**2** 白壁蔵造りの建物が印象的な和泉屋善兵衛

これもチェック

日帰り入浴施設でほっこり

大浴場には2つに仕切られた内湯のほか、岩組みの露天風呂、飲泉コーナーもある。

ふれあいやまべかん しらいとのゆ
ふれあい山辺館 白糸の湯
☎0263-35-9076　🏠松本市里山辺85-1
🚇バス停美ヶ原温泉からすぐ　💴入浴310円　🕕6〜22時（10〜3月は6時30分〜）　❌第1・3火曜（祝日の場合は営業）　🅿145台　**MAP** P88A2

ぬるめでゆったりできる
露天風呂

美ヶ原温泉
0　200m
徒歩3分
Ⓐ　山ノ上池

松本市

月の静香
旬彩
ふれあい山辺館
白糸の湯 P.88
浅間温泉へ
美ヶ原温泉
旅館すぎもと P.89
和泉屋善兵衛 P.89
ニューことぶき
信州松本美ヶ原温泉翔峰
追分屋旅館 P.89
辻棠
ホテル翔峰前
里山辺局
新井橋
大天白神社前
松本市街地へ
県道67号へ

いずみやぜんべえ

和泉屋善兵衛

明治時代に創業した老舗旅館。底に青石を敷き詰めた露天風呂をはじめ、内湯、足湯、歩行湯など6種類の風呂が楽しめる。お造り、焼き物、メイン料理は、それぞれ好きなメニューを夕食にて選べる。館主自ら地粉で打つそばは絶品だ。

1泊2食付料金
÷平　　日 1万3200円〜
÷休前日 1万6500円〜
………… 時間 …………
IN14時　OUT10時

☎0263-32-2043 ㊏松本市里山辺451 ㊋バス停美ケ原温泉から徒歩3分 ㊐送迎なし ㋹30台 ㊭14室 ●1868年創業 ●風呂：内湯2 **MAP** P88A2

源泉より湧出した加水なしの天然温泉

豊富な風呂と手打ちそばを堪能できる宿

おいわけやりょかん

追分屋旅館

食事が人気の宿。こだわりの器に繊細に盛り付けられた懐石料理と、ソムリエである若旦那が選ぶ信州産ワインを味わえる。露天檜風呂や岩盤天風呂、泡エステの湯など、男女入れ替えで利用可能な7種類の風呂がある。

1泊2食付料金
÷平　　日 1万3350円〜
÷休前日 1万5550円〜
………… 時間 …………
IN15時　OUT10時

☎0263-33-3378 ㊏松本市里山辺1145 ㊋バス停辻堂からすぐ ㊐送迎なし ㋹35台 ㊭14室 ●1963年創業 ●風呂：内湯3 露天3 貸切1 **MAP** P88A2

夜は幻想的なライトアップであでやかな雰囲気に

信州ワインと懐石料理が人気を集める料理宿

りょかんすぎもと

旅館すぎもと

松本市内から移築した木造3階建ての古民家を使用。客室は囲炉裏をしつらえた桂の間、ロフト付きの束間の間など6タイプ全16室を用意。敷地内に源泉をもち、男女別大浴場と露天風呂、露天ジャグジーなど風呂の種類も多彩。

1泊2食付料金
÷平　　日 1万6500円〜
÷休前日 1万6500円〜
………… 時間 …………
IN15時　OUT10時

☎0263-32-3379 ㊏松本市里山辺451-7 ㊋バス停美ケ原温泉から徒歩3分 ㊐送迎なし ㋹30台 ㊭16室 ●1868年創業 ●風呂：内湯2 露天2 貸切2 **MAP** P88A2

青石が敷き詰められた露天風呂

風情ある古民家の宿で多彩な風呂を楽しむ

扉温泉 こちらもおすすめ!

とびらおんせん みょうじんかん

扉温泉 明神館

標高1050mにたたずむ老舗旅館。世界の一流ホテルとレストランのみが加盟を許される「ルレ・エ・シャトー」会員でもある。日本料理、フレンチから選べるレストランに、3つの湯処がある和の温泉リゾートだ。

1泊2食付料金
÷平　　日 3万3000円〜
÷休前日 3万8500円〜
………… 時間 …………
IN15時　OUT12時

☎0120-37-1810 ㊏松本市入山辺8967 ㊋JR松本駅から車で30分 ㊐松本駅から送迎あり ㋹35台 ㊭43室 ●1931年創業 ●風呂：内湯2 露天4 **MAP** P101F4

まるで絵画のような景色が目の前に現れる立ち湯の雪月花

和趣あふれる秘湯のスパリゾート

美ケ原温泉 ● 美ケ原温泉で癒やされる

㊙源泉かけ流し ■部屋食 ㊧エステあり ㊕禁煙ルームあり（全館禁煙の場合も含む） ㋺大浴場あり ㊅ひとり宿泊OK

美肌の湯と評判の
緑豊かな穂高温泉郷でほっこり

安曇野の西側に、南北に広がる温泉郷。澄んだ空気と豊かな自然を楽しんだ後は、特産のわさびや安曇野野菜を使ったお料理も楽しみです。

ほたかおんせんきょう
穂高温泉郷って
こんなところ

北アルプスの東山麓を南北に走る、県道25号沿いに広がる温泉郷。急峻な山々を望む豊かな森の中という自然環境が何よりの魅力。安曇野観光の拠点として賑わっている。温泉は名湯・有明温泉からの引湯。美肌効果もあるといわれている。

アクセス

🚃 電車：JR豊科駅、JR穂高駅、JR安曇追分駅などから車で約15分～

🚗 自動車：長野自動車道安曇野ICから県道57号、495号、25号などで穂高温泉郷まで約8km～

広域MAP P106

問合せ
安曇野市観光協会☎0263-82-9363

■八面大王足湯は穂高温泉郷の湯を、無料で気軽に楽しむことができる
🏠安曇野市穂高有明 ⏰10～20時 休無休（臨時休業あり）🚗JR穂高駅から車で15分 Ｐあり MAP P107A2

🚭♨🏃
おやど なごみの
お宿 なごみ野

オリジナル家具を配した15の客室は、和と洋がほどよく融合し居心地抜群。森に包まれているような落ち着いた雰囲気のテラスや暖炉のあるロビー、静かな音楽が流れる湯上がり処など、日常を忘れさせる空間づくりが巧みだ。

☎0263-81-5566 🏠安曇野市穂高有明3618-44 🚗JR穂高駅から車で10分 🚌穂高駅から送迎あり Ｐ15台 🛏15室 ▼平成13年(2001)創業 ●風呂：内湯2 露天2 貸切1
MAP P107A2

1泊2食付料金
- 平　日 2万2000円～
- 休前日 2万4200円～
  - 時間
  - IN15時　OUT11時

心も体もリフレッシュ
非日常を体感

入浴中に野鳥も遊びに来る自然あふれる露天風呂

客室の家具は安曇野在住の作家のものを配している

旬の素材を生かした創作懐石料理は見た目にも美しい

森の中に立つ純和風の宿。穂高駅から送迎（要予約）があるので便利

安曇野観光の
滞在拠点に便利な
穂高温泉郷

穂高温泉郷の宿は県道25号沿いに広域に点在するので、予約の場合には場所をよく確認しておこう。沿道にはミュージアムや産直ショップ、カフェなども点在しているのでドライブやサイクリングで巡るのもおすすめ。

あづみのほたかびゅーほてる
安曇野穂高ビューホテル

北アルプス常念岳の麓に、約4万2000坪の広大な敷地を有する温泉リゾート。カラマツをはじめ、さまざまな樹木が自生する大自然に囲まれ、くつろげる宿だ。ビューティサロンなど女性に人気のリラクゼーション施設も豊富。

☎0263-83-6200 🏠安曇野市穂高牧2200-3 🚋JR穂高駅から車で15分 🚌送迎あり 🅿80台 🛏92室 ●1990年創業 ●風呂：内湯2 露天2
MAP P106A3

大自然に抱かれたモダンな温泉リゾート

1泊2食付料金
÷平　日 1万3200円〜
÷休前日 1万5400円〜
――――時間――――
IN15時　OUT10時

露天風呂は豪快な岩造り。すぐ目の前には豊かな緑が

穂高温泉郷 ● 緑豊かな穂高温泉郷でほっこり

ほてるあんびえんとあづみの
ホテルアンビエント安曇野

目の前に北アルプスが広がるすばらしいロケーション。森が眼前に迫る開放感抜群の露天風呂でくつろいだ後は、本格的なエステ（45分8800円〜）を受けるのも贅沢な過ごし方。地元の食材をふんだんに使用した料理も楽しみ。

1泊2食付料金
÷平　日 1万2690円〜
÷休前日 1万3790円〜
――――時間――――
IN15時　OUT11時

☎0263-83-5550 🏠安曇野市穂高牧2230 🚋JR穂高駅から車で20分 🚌送迎あり 🅿130台 🛏183室 ●1992年創業 ●風呂：内湯2 露天2
MAP P106A3

木々のざわめきに耳をすまし広いお風呂でゆったりと

湯けむりに身を包まれながら清々しい森の空気も満喫

ひのきゆのやど しょうはく
檜湯の宿 松伯

北アルプス山麓に位置する温泉旅館。女将と一緒に看板猫「クロちゃん」が宿泊者を出迎えてくれることでも知られている。源泉かけ流しの檜風呂で癒やされ、ご主人が作る信州料理を味わい、くつろぎのひとときを。

1泊2食付料金
÷平　日 1万4000円〜
÷休前日 1万5000円〜
――――時間――――
IN15時30分　OUT10時

☎0263-83-3822 🏠安曇野市穂高有明7713-2 🚋JR穂高駅から車で15分 🚌送迎なし 🅿30台 🛏12室 ●1987年創業 ●風呂：内湯2 **MAP** P107A2

愛らしい看板猫と檜風呂に癒やされる

木々のぬくもりを感じながらゆったりと過ごそう

🏞 源泉かけ流し　🏠 部屋食　💅 エステあり　🚭 禁煙ルームあり（全館禁煙の場合も含む）　♨ 大浴場あり　🏨 ひとり宿泊OK

白骨温泉

山深い静寂の秘湯・白骨温泉で乳白色の湯を満喫

乗鞍岳の山あいに宿が点在する秘湯で聞こえるのは、鳥のさえずりと清流のせせらぎだけ。絹のようになめらかな乳白色の湯を心ゆくまで堪能しましょう。

➕しらほねおんせん
白骨温泉って
こんなところ

乗鞍岳東麓の山あいに温泉宿が点在する秘湯。新緑や紅葉はもちろん、水墨画のような雪景色も魅力。硫黄と炭酸を多く含む湯は、空気に触れると白濁する性質をもち、特に胃腸病や婦人病に効能があるといわれる。

アクセス

🚌 **電車・バス**：さわんどバスターミナルからアルピコ交通バス白骨温泉行きで15分。冬季は松本駅からアルピコ交通上高地線で新島々駅まで30分。アルピコ交通バスに乗り換え、約1時間23分。

🚗 **自動車**：長野自動車道松本ICから国道158号、県道300号で白骨温泉まで約38km

広域MAPP108

問合せ
白骨温泉観光案内所☎0263-93-3251
松本市観光プロモーション課
☎0263-34-3000（代表）

1深い緑に包まれた秘湯。野趣あふれる雰囲気が魅力 **2**乳白色の湯で知られる温泉地だが、無色透明の湯もある。写真は泡の湯旅館の内湯

これもチェック

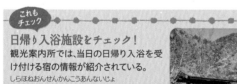

日帰り入浴施設をチェック！
観光案内所では、当日の日帰り入浴を受け付ける宿の情報が紹介されている。

しらほねおんせんかんこうあんないじょ
白骨温泉観光案内所
☎0263-93-3251 🏠松本市安曇白骨温泉4197-16 🚌バス停白骨温泉からすぐ 💰公共野天風呂310円 🕘9〜17時 🈺無休（冬期休業） 🅿公共駐車場利用可50台 MAP P92A1

白骨温泉公共野天風呂は11月下旬〜4月中旬は冬期休業

白骨温泉

湯沢
湯元齋藤旅館
沢渡・国道158号へ
つるや旅館
白骨えびすや P.93
白船荘新宅旅館 P.93
湯元齋藤別館
噴湯丘
白船グランドホテル
白骨温泉観光案内所
隧通し・冠水渓
山水観湯川荘
白骨温泉
300
竜神の滝
白骨温泉公共野天風呂
松本市
白骨温泉の噴湯丘と球状石灰石
泡の湯旅館 P.93
小梨の湯 笹屋 P.93

白骨温泉
0 200m
徒歩3分

乗鞍高原へ

1泊2食付料金
- 平　日 1万9800円〜
- 休前日 2万4200円〜

時間
IN15時　OUT10時

泡の湯旅館
あわのゆりょかん

白骨温泉の中心部からやや南に離れた場所にある、明治45年（1912）創業の老舗旅館。木造の本館前に白骨温泉のシンボルともいえる混浴野天風呂があるほか、湯治場風情を感じさせる内湯や男女別露天風呂、日帰り客用の外湯もある。

☎0263-93-2101　住松本市安曇白骨温泉4181 交バス停泡の湯からすぐ 日送迎なし P24台 室24室 ●1912年創業 ●風呂：内湯4 露天3 MAP P92A2

乳白色の湯に浸かり移ろう季節を眺めよう

70人が一度に入れるという混浴野天風呂

1泊2食付料金
- 平　日 2万1050円〜
- 休前日 2万2150円〜

時間
IN15時　OUT10時

小梨の湯 笹屋
こなしのゆ ささや

全10室の小さな宿。細やかなサービスや地物を使った料理に定評があり、リピーターも多い。内湯は大きなガラス張りで、露天風呂にいるような開放的な雰囲気に包まれる。貸切露天風呂も好評だ。離れは和洋室タイプ。

☎0263-93-2132　住松本市安曇白骨温泉4182-1 交バス停泡の湯から徒歩4分 日送迎なし P10台 室10室 ●1982年創業 ●風呂：内湯2 露天1 貸切1 MAP P92A2

白樺林に囲まれ身も心もスッキリと

白樺の林を望む大きなガラス張りの女性用内湯

1泊2食付料金
- 平　日 1万5950円〜
- 休前日 1万8150円〜

時間
IN15時　OUT10時

白骨ゑびすや
しらほねえびすや

硫黄が香る玄関をくぐる瞬間から温泉情緒が掻き立てられる。小さな宿ならではの心遣いと乳白色の源泉に多くのファンが訪れる。信州の旬が味わえる会席料理、白骨随一の眺望も自慢。晴れた日の夜には満天の星も楽しめる。

☎0263-93-2031　住松本市安曇白骨温泉4206-2 交バス停白骨温泉から徒歩8分 日白骨温泉バス停から送迎あり P25台 室20室 ●1953年創業 ●風呂：内湯2 露天2 MAP P92A1

露天の乳白色の湯に浸かり大自然に癒される

露天風呂と内湯、自家源泉をかけ流しで愉しめる！

1泊2食付料金
- 平　日 1万8850円〜
- 休前日 1万9950円〜

時間
IN15時　OUT10時

白船荘新宅旅館
しらふねそうしんたくりょかん

毎分250ℓという豊富な湯量を誇り、男女別の大浴場と露天風呂、2つの家族風呂（うち1つは露天風呂）を備えた風呂自慢の宿。温泉を使用した露天風呂付きの客室もある。夕食はイワナや山菜、黒毛和牛など信州の素材を使った和会席。

☎0263-93-2201　住松本市安曇白骨温泉4201 交バス停白骨温泉から徒歩7分 日送迎なし P50台 室39室 ●慶応元年（1865）創業 ●風呂：内湯2 露天2 貸切3 MAP P92A1

荘厳な山肌に見守られ四季を感じる温泉宿

自然の地形を生かして建てられた野趣あふれる露天風呂

国源泉かけ流し 部屋食 エステあり 禁煙ルームあり（全館禁煙の場合も含む） 大浴場あり ひとり宿泊OK

松本 安曇野 上高地 交通ガイド

東京、名古屋、大阪からは鉄道でアクセスし、現地で電車・バスへ乗り継ぐのが一般的。
信州まつもと空港は、福岡、札幌、大阪からの発着便があります。

東京・名古屋・大阪から鉄道で松本駅へ

拠点となる松本駅へはJRの特急を利用。大阪からは名古屋駅で東海道新幹線からJR特急に乗り継ぐ。

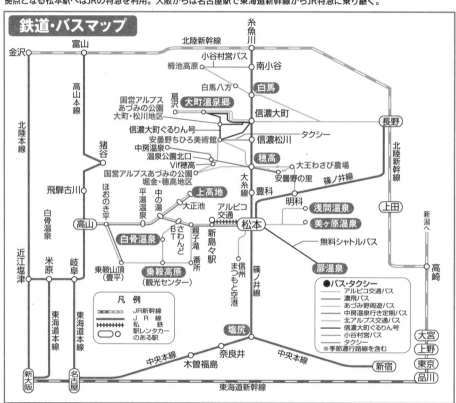

鉄道・バスマップ

凡 例
JR新幹線
J R 線 鉄
私 鉄
駅レンタカー
のある駅

●バス・タクシー
アルピコ交通バス
濃飛バス
あづみ野周遊バス
中房温泉行き定期バス
北アルプス交通バス
信濃大町ぐるりん号
小谷村営バス
タクシー
※季節運行路線を含む

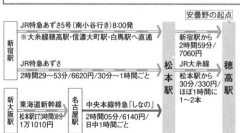

		安曇野の起点	
新宿駅	JR特急あずさ5号(南小谷行き)8:00発 ※大糸線穂高駅・信濃大町駅・白馬駅へ直通	新宿駅から 2時間59分/ 7060円	
	JR特急あずさ 2時間29～53分/6620円/30分～1時間ごと	松本駅 JR大糸線 松本駅から 30分/330円/ ほぼ1時間に 1～2本	穂高駅
新大阪駅	東海道新幹線 松本までは3時間08分/ 1万1010円	名古屋駅 中央本線特急「しなの」 2時間05分/6140円/ 日中1時間ごと	

プランニングのヒント

東京から 出発駅によっては、湘南新宿ラインや埼京線を利用して大宮駅まで行き、北陸新幹線に乗車するルートも。新幹線料金が割安になる。

名古屋・大阪から 通常、名古屋駅～長野駅間を運行する特急「しなの」だが、連休や多客期の土休日に松本駅から大糸線に乗り入れ白馬へ向かう臨時便が運転されることがある。大糸線内の停車駅は豊科駅、穂高駅、信濃大町駅、神城駅、白馬駅。

松本駅から各エリアへのアクセス

上高地へは松本バスターミナルから予約制の直通バスもある。上高地発・新島々駅行のバスはすべて予約制なので注意。

| 松本駅 | アルピコ交通上高線（電車）
30分/710円/日中35～45分ごと | → | 新島々駅 | アルピコ交通バス（上高地行き）/4月17日～11月15日運行予定
1時間05分/片道2000円/9～12便（松本から1時間50分/片道2710円）
※帰りの新島々駅行きバスの予約をしてない時は、上高地に到着してすぐに上高地BTで帰りの便の指定を取っておこう。 | → | 上高地 |
| | | | | アルピコ交通バス（乗鞍高原・白骨温泉方面行き）/通年運行
1時間03分（冬期47分）/片道1350円（往復2700円）/6～7便
（松本から1時間46分（冬期は1時間31分）/片道2060円・往復4120円） | → | 乗鞍高原
（観光センター） |

| 松本BT | アルピコ交通バス（浅間温泉方面行き）
27分/360円/20～60分ごと | → | 浅間温泉 |
| | アルピコ交通バス（美ヶ原温泉方面行き）
21分/340円/日中30分ごと | → | 美ヶ原温泉 |

※浅間温泉行きの日中（9:10～18:45発）は松本駅お城口始発、松本BT経由で所要32分。

便利なフリーきっぷ

松本駅を起点に各エリアへのバスや鉄道を利用するフリーきっぷがいろいろ揃っている。

▶信濃路フリーきっぷ（JR東海）
名古屋・岐阜地区発のフリーきっぷで、JR線の塩尻～松本～長野間、松本～南小谷間と、アルピコ交通バスの松本市内や長野地区・白馬地区を走る路線バスや周遊バスが3日間乗り降り自由。フリーエリアまでの往復には特急の普通車指定席が、またエリア内では特急の自由席が利用できる。名古屋市内から1万3620円、岐阜・豊橋地区から1万4670円などで、2023年3月29日まで発売（利用は3月31日まで）。

▶信州ワンデーパス（JR東日本）
JR東日本の長野県内の路線（中央線・小海線は小淵沢駅まで、飯山線は越後川口駅まで）と、しなの鉄道長野～豊野間が1日乗り放題で2680円。別に特急券などを購入すれば、北陸新幹線や特急なども利用できる。フリーエリア内の主な駅のみどりの窓口や指定席券売機、主な旅行会社などで発売。

▶タウンスニーカー一日乗車券（アルピコ交通）
松本市内の周遊バス・タウンスニーカー4コースに加え、松本市中心部の運賃200円均一区間内のアルピコ交通路線バスも1日乗り降り自由で500円。松本城や旧開智学校校舎など9施設の入場割引などの特典も付く。松本バスターミナル、タウンスニーカーバス車内や旅行代理店で発売。

▶上高地線電車 わくわく一日フリー乗車券（アルピコ交通）
アルピコ交通上高地線の電車が1日乗り降り自由のきっぷで1420円。沿線の施設や店舗で割引などの特典付き。松本駅はじめ上高地線の主な駅の自動券売機や窓口で発売。

▶上高地・乗鞍2デーフリーパスポート（アルピコ交通）
アルピコ交通の松本市内を走る路線バスや周遊バス、上高地（季節運行）や乗鞍高原、白骨温泉への路線バスが2日間乗り降り自由で7500円。3日間有効のPlus ONEもあり9000円。松本城や旧開智学校校舎などの入場割引特典も付く。松本、新島々、上高地のバスターミナルや旅行代理店で発売。

●えきねっと お先にトクだ値
JR東日本のインターネットサービス「えきねっと」の会員になり、このサイトから予約してきっぷを買うと運賃・料金が割引になる。乗車日の1カ月前の午前10時から当日の午前1時40分までに購入すると「えきねっとトクだ値」で10～15％、13日前の午前1時40分までなら割引率はさらにアップして「お先にトクだ値」で30～35％も割引になる。ただし列車、席数、区間限定。詳しくはHPを。

☎ 問合せ先
●JR東日本お問い合わせセンター
☎050-2016-1600
●JR東海テレフォンセンター
☎050-3772-3910
●アルピコ交通（松本バスターミナル）
☎0263-32-0910
●アルピコ交通（新島々営業所）
☎0263-92-2511
●あづみ野周遊バス（安曇野市観光情報センター）
☎0263-82-9363
●南安タクシー
☎0263-72-2855
●安曇観光タクシー
☎0263-82-3113

※運賃、便数などは2022年5月現在のものです。所要時間は、利用する列車、バスにより異なります。※JRのねだんは通常期に普通車指定席を利用した場合のものです。

交通ガイド

ドライブで行く松本 安曇野 上高地

スケジュールが自由に組め、電車やバスの時刻やルートを気にせずにすむ、車やレンタカー利用はおすすめ。

ドライブマップ

プランニングのヒント

東京から 中央道や関越道〜上信越道を走り松本ICへ向かうルートが一般的。

名古屋・大阪から 名古屋からは、中央道〜長野道を利用。大阪方面からは、名神高速などを走り小牧JCTから中央道に入る。

レール＆レンタカー 走行距離を減らすためなら、松本駅まで鉄道で行き、松本駅でレンタカーを借りるプランがおすすめ。運賃やレンタカー料金が割引になる「レール＆レンタカーきっぷ」を利用しよう。冬期は、冬タイヤ、タイヤチェーンなどの装備が必要。走行には充分注意を。

マイカー規制 上高地の一部は自然保護のため、バスやタクシー以外の乗り入れが禁止されている。詳細は要確認。

レール＆レンタカーきっぷ

駅レンタカーをインターネットで事前に予約しておき、みどりの窓口などでJR乗車券（通算201km以上、乗車駅から駅レンタカー営業所のある駅まで101km以上）を購入するときに、駅レンタカー券も購入すると、同乗者全員のJR運賃が2割引、特急料金など（「のぞみ」「みずほ」やグランクラスを除く）が1割引になる。GWやお盆、年末年始は、JR運賃・料金の割引はない。松本駅に駅レンタカーの営業所がある。

■レール＆レンタカーきっぷ　レンタカー料金表
予約先・駅レンタカー　https://www.ekiren.co.jp/

クラス	K	S	A	MV
12時間まで	6050円	6600円	8910円	1万560円
24時間まで	6700円	7540円	1万560円	1万2650円
以後1時間ごと	1210円	1320円	1540円	1870円
以後24時間ごと	6050円	7150円	8910円	1万560円

問合せ先

日本道路交通情報センター

- ●中央道・長野道情報　☎050-3369-6764
- ●東北道・常磐道・関越道情報　☎050-3369-6762
- ●岐阜情報　☎050-3369-6621
- ●全国・関東甲信越地方情報　☎050-3369-6600
- ●北陸道・東海北陸道情報　☎050-3369-6767
- ●長野情報　☎050-3369-6620

各エリアへのドライブアクセス

長野道・松本ICが玄関口。中央道・岡谷JCT経由のほか、関東からは上信越自動車道経由でのアクセスも可能。

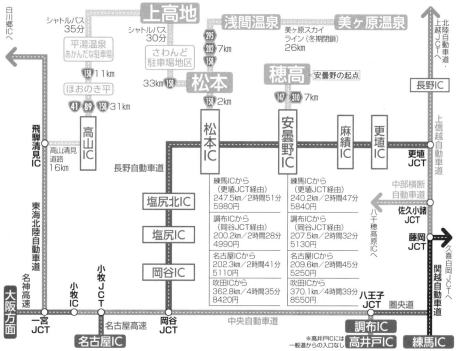

※ETC利用の平日の通行料金です。現金払いでは異なることがあります。

練馬ICから（更埴JCT経由）247.5km/2時間51分 5980円
練馬ICから（更埴JCT経由）240.2km/2時間47分 5840円
調布ICから（岡谷JCT経由）200.2km/2時間28分 4990円
調布ICから（岡谷JCT経由）207.5km/2時間32分 5130円
名古屋ICから 202.3km/2時間41分 5110円
名古屋ICから 209.6km/2時間45分 5250円
吹田ICから 362.8km/4時間35分 8420円
吹田ICから 370.1km/4時間39分 8550円

※高井戸ICには一般道からの入口なし

高速バスで行く松本 安曇野 上高地

◎BC=バスセンター、BT=バスターミナル

乗り継ぎがいらず料金も割安。夜行便なら朝から観光できる。上高地へのバスは期間限定なので運行の有無は要確認。

	【バス愛称名】出発地→おもな経由地→到着地	所要時間	片道運賃	便数（1日）	運行会社
松本へ	バスタ新宿★→松本BT	3時間18分	3900〜5200円	24便（一部運休中）	京王バス・アルピコ交通
	成田空港→京成上野駅→松本BT→長野駅	夜・6時間01分■	4500〜5000円■	1便	成田空港交通
	名古屋（名鉄BC）→松本BT	3時間27分	3400〜4800円	8便（一部運休中）	名鉄バス・アルピコ交通
安曇野へ	大阪（阪急三番街）→京都深草→（京都駅八条口/夜行のみ）→松本BT	昼・5時間50分 夜・8時間40分	昼・5500〜6700円 夜・6000〜7300円	昼2便/夜1便（昼行便は運休中）	阪急バス・アルピコ交通
	バスタ新宿★→安曇野スイス村→安曇野穂高→白馬八方BT	昼・3時間56分◆ 夜・5時間22分◆	昼・5200〜6400円◆ 夜・6600〜8400円◆	3〜6便（一部運休中）	京王バス・アルピコ交通
上高地へ	【さわやか信州号】バスタ新宿→新島々駅→さわんどBT→上高地BT	昼・4時間47分 夜・6時間55分◎	S・8200〜1万400円 G・1万〜1万2200円	2〜3便（4月中旬〜11月上旬）	京王バス・アルピコ交通
	【さわやか信州号】京都駅八重洲南口→新島々駅→さわんどBT→上高地BT	夜・6時間40分◎	G・1万1600〜1万2200円	特定日のみ1便（7月中旬〜10月下旬）	アルピコ交通
	名古屋（名鉄BC）→新穂高ロープウェイ（往路のみ）→平湯BT→上高地BT	夜・6時間05分◎	7800円（復路は6700円）	特定日のみ1便（7月下旬〜9月下旬）	名鉄バス
	【さわやか信州号】大阪（阪急三番街）→新大阪→京都駅八条口（昼は京都深草）→上高地BT	昼・6時間46分◎ 夜・7時間50分◎	S・9200〜1万1400円 G・1万1000〜1万3200円	1〜2便（7月下旬〜11月上旬）	アルピコ交通

※＝運賃は窓口での料金で、S＝スタンダードシート（4列）、G＝グリーンシート（3列）です　★＝続行便（2号車以降）などが新宿西口発になる場合があります　■＝京成上野駅〜松本BT間のデータです　◆＝バスタ新宿〜安曇野穂高間のデータです　◎＝復路は昼行便になります

松本 安曇野 上高地の知っておきたいエトセトラ

中信地方にゆかりのある人物や名産品などをご紹介。
季節のイベントや伝統野菜についても知っておきましょう。

ゆかりの人々

多くの文人や画家が中信地方を題材に小説や紀行文、絵画を創作。ゆかりの記念館なども点在しています。

芥川龍之介（あくたがわりゅうのすけ）

大正文壇の代表作家である芥川龍之介は、青年期、登山や水泳に親しんでおり、明治42年（1909）8月に友人らと上高地を訪れ槍ヶ岳を登山したという。その経験が色濃く反映されたのが、晩年の代表作『河童』。上高地や河童橋を描き、この地は広く世間に知られることとなった。なお『槍ヶ嶽紀行』という紀行文も発表している。

最初に架けられた時期は不明だが、明治43年（1910）に吊り橋となった。現在の河童橋は平成9年（1997）に架け替えられた5代目

ウォルター・ウェストン

イギリス出身の宣教師。登山家でもあり、明治21年（1888）に来日後、日本各地の山々を制覇した。明治24年（1891）に上條嘉門次と北アルプスに挑み、著書『日本アルプスの登山と探検』で世界に上高地を紹介している。登山の楽しみを日本人に教えた近代登山の父であり、上高地にはその功績を称える記念碑が置かれている。

上高地ウェストン広場に設置されたレリーフ

北杜夫（きたもりお）

『どくとるマンボウ』シリーズで知られる作家・精神科医の北杜夫は戦争末期に東京を離れ、旧制松本高等学校に進学した。ここで個性豊かな教授や学友と出会い、青春時代を謳歌した。その様子はのちに『どくとるマンボウ青春記』でユーモラスに描かれた。氏は後年も信州を愛し、しばしば松本や上高地を訪れたという。

国の重要文化財に指定されている旧制松本高校校舎。現在はあがたの森文化会館として公開されている

井上靖（いのうえやすし）

作家・井上靖の代表作の一つである『氷壁』は、穂高を舞台とする山岳ミステリー。実際に起きた「ナイロンザイル事件」をもとに創作され、前穂東壁や滝谷へと向かう様子や上高地の風景が描写されている。小説には、徳澤園をモデルとする山小屋も登場。徳澤園には、井上靖直筆の原稿も飾られている。

現在の「氷壁の宿 徳澤園」

いわさきちひろ

26歳のとき東京で空襲に遭ったいわさきちひろは、松本にある母の実家に疎開した。現在安曇野ちひろ美術館がある地は、両親が開拓を始めたところ。戦後ちひろは東京に戻り画家として活動するが、事情により一年ほど息子を安曇野の両親に預ける。この間、息子に会うため頻繁に安曇野に通い、多くのスケッチを描いた。

安曇野ちひろ美術館の周囲には、北アルプスの山並みを背景に美しい自然が広がる

銘酒いろいろ

北アルプスの山々が育んだ湧水や特産品のブドウなど、信州にはお酒造りに適した環境が整っています。

日本酒 大信州酒造

契約栽培農家が丹精込めて育てた県産金紋錦やひとごこちを、北アルプス伏流水を用いて手間ひまかけて仕込む。専売所を隣接。季節限定の酒もある。
大信州酒造
☎0263-47-0895

ビール 松本ブルワリー

クラフトビールの楽しさを伝える小さなブルワリー。清らかな湧き水と地元の農作物を使用し、信州ならではのビールを醸造。多彩な味わいをラインナップ。
松本ブルワリー
☎0263-31-0081

ワイン 安曇野ワイナリー

自社畑で健全なブドウを栽培し、安曇野らしさを感じるワインを醸造。畑やワインセラーを見学できるほか、ショップも併設。
安曇野ワイナリー
☎0263-77-7700

シードル Le Milieu

ブドウ栽培から醸造、販売までを2人のプロが一貫して行い、ブドウの個性を生かしたワインを届けている。エレガントで洗練された味わいが特徴。
Le Milieu
https://le-milieu.co.jp

日本有数の名峰が勇壮な景観を見せてくれます。ハイキングコースから、その姿を眺めましょう。

槍ヶ岳
標高3180m、尖った山頂が特徴の北アルプスのランドマーク。上高地を出発し梓川沿いを進むルートから眺められる。

奥穂高岳
北アルプス南部、穂高連峰の中央にそびえる標高3190mの山。高さは日本第3位。上高地から梓川沿いを歩くハイキングコースで眺められる。登山なら横尾谷へ進み涸沢カールへ。

焼岳
標高2455m、乗鞍火山帯唯一の活火山。田代池や大正池など上高地ハイキングの要所から荒々しい姿を見ることができる。現在は沈静化しているが、噴気孔近くには近寄らないこと。

乗鞍岳
標高3026mの剣ヶ峰を主峰とする山々。麓には乗鞍高原が広がり、遊歩道のある一ノ瀬園地から眺められる。特に乗鞍岳が映り込む池は、人気の撮影スポットになっている。

常念岳
松本と安曇野にまたがる、標高2857mの山。特徴はピラミッドのような優美な三角形。安曇野のどこからも仰ぎ見ることができ、季節の変化を里に伝える地域のシンボルでもある。

明神岳
上高地の明神から見られる標高2931mの山。かつては穂高岳を指す言葉として使われていたという。明神橋の手前は、最南峰を見上げる絶好の撮影場所。

文化の薫り高い信州。音楽、食、工芸など、地域ならではの魅力が感じられるイベントが満載です。

セイジ・オザワ 松本フェスティバル
指揮者の小澤征爾氏によって毎年松本で開かれているクラシック音楽祭。オペラやコンサートなど演目は多彩（☞P39）。

ウェストン祭
日本近代登山の父、ウェストン氏を称える催し。記念山行やレリーフへの献花、講演などが行われる。☎0263-94-2221（松本市アルプス山岳郷）⏱6月第1土・日曜

Winter Illumination
光の森のページェント
アルプスあづみの公園で開かれる光の祭典。県下最大級のイルミネーションが幻想的。☎0263-71-5511（国営アルプスあづみの公園 堀金・穂高管理センター）⏱11〜1月(予定)

穂高神社御船祭り
信濃三社の一つ、穂高神社最大の祭り。船の形をした高さ6mの山車がぶつかり合う。☎0263-82-2003（穂高神社社務所）⏱9月下旬(予定)

クラフトフェアまつもと
全国から選考された200もの工芸作家が集合。質の高い工芸品に出合える。☎0263-34-6557 ⏱2023年は開催未定

県内で栽培されている一定の基準を満たしたものが信州の伝統野菜と選定され、文化が継承されています。☎026-235-7228（長野県園芸畜産課）

牧大根
明治時代から栽培されている。肉質は硬く、たくあん漬けや味噌漬けに利用されている。

保平蕪
古くから松本市奈川の集落で栽培されてきた。根は円錐形で紅色。肉質は柔らかく、食味が良い。

番所きゅうり
昭和初期から栽培されている。加賀太きゅうりに似て、短形で太い。生食が一番。

稲核菜
飛騨地方から伝播し、長野県内三大漬け菜の一つといわれた。葉は繊維質が強く硬いが旨味がある。

松本一本ねぎ
江戸時代に関東・中京地方への贈答品として珍重された。曲がったねぎほど甘みが増している。

そのほかの名産品

●リンゴ
全国2位の出荷量を誇り、旬は8月〜12月と長い。県オリジナルの秋映、シナノゴールド、シナノスイートほか、さまざまな品種がある。

●桃
川中島白鳳、川中島白桃など、さまざまな桃が栽培されている。出荷量は全国3位。品種によって旬は7月下旬〜9月下旬。

●ブドウ
昔からの産地で、高度な栽培技術に支えられて、全国トップレベルの生産量を誇る。

●キノコ類
長野県のキノコ生産量は日本一（2019年農林水産省統計）で、特にエノキタケとブナシメジが多く作られている。秋の松茸も名産。

トラベルインフォメーション● 知っておきたいエトセトラ

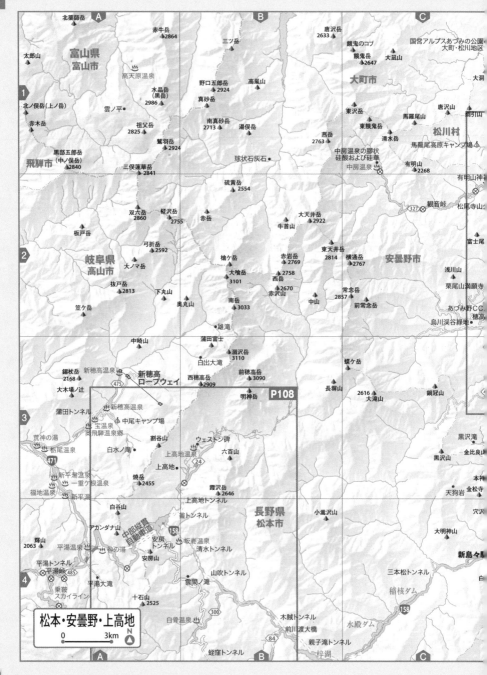

松本・安曇野・上高地

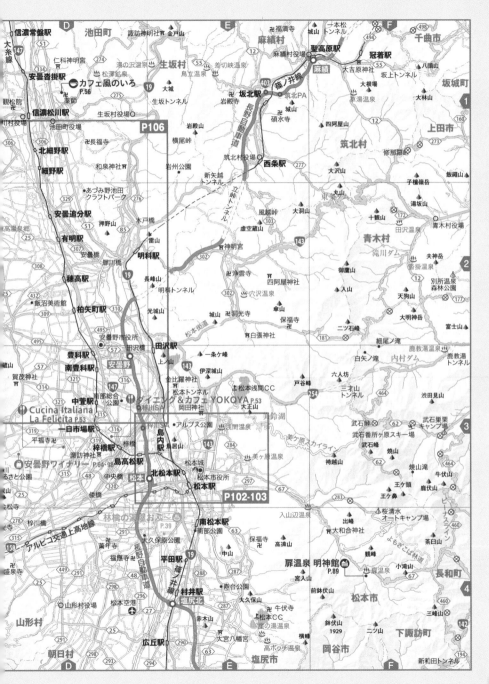

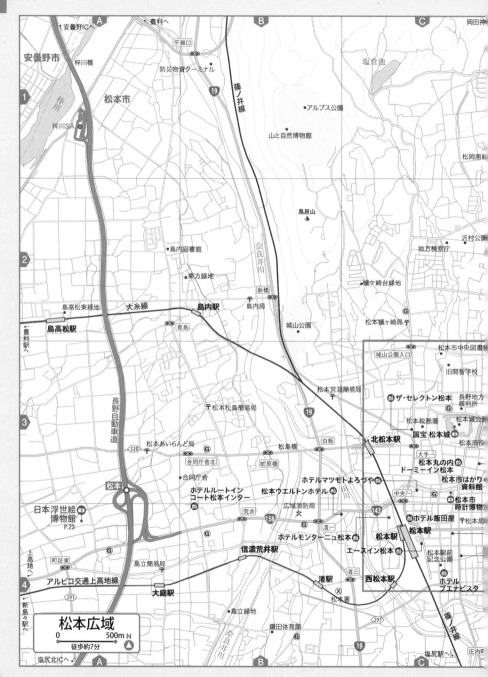

松本広域

0 ————— 500m N

徒歩約7分

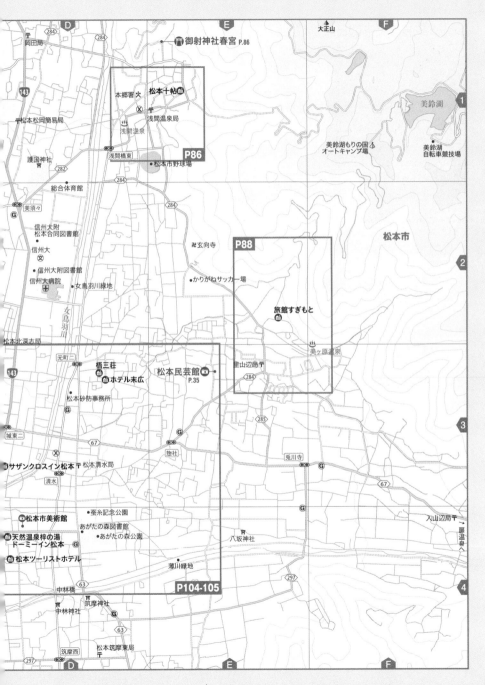

御射神社春宮 P.86

大正山

美鈴湖

松本十帖
本郷署
浅間温泉局
浅間温泉
浅間橋東

松本市野球場

P86

美鈴湖もりの国
オートキャンプ場

美鈴湖
自転車競技場

岡田局

松本松岡簡易局

護国神社

総合体育館

美須々

信州大附
松本合同図書館

信州大

信州大附図書館

信州大病院

女鳥羽川緑地

卍玄向寺

P88

松本市

かりがねサッカー場

旅館すぎもと

美ヶ原温泉

里山辺局

松本北深志局

元町二

梧三荘
ホテル末広

松本民芸館
P.35

松本砂防事務所

城東二

サザンクロスイン松本
松本清水局

清水

惣社

285

兎川寺

67

入山辺局

→扉温泉へ

松本市美術館

蚕糸記念公園

あがたの森図書館

あがたの森公園

八坂神社

天然温泉梓の湯
ドーミーイン松本

松本ツーリストホテル

薄川緑地

P104-105

中林橋

63

297

中林神社

筑摩神社

筑摩西

松本筑摩東局

63

297

D　　　　E　　　　F

松本城へ→　大名町通り　プレンス
松本城公園

大手4

大手門　NTT　レストラン 鯛萬 P.27　翁堂 本店 P.36　上田へ→　P.26
駐車場　Ohkura P.37　TOCA by lifart… P.39　　　　　珈琲茶房 P.30　レストラン ヒカリヤ
大名町　Pino Libro P.33　かえるのお店　かめのや　ヒカリヤ ニシ P.26
四柱神社　RiBBiT P.21　　セラミカ　ヒカリヤ ヒガシ P.26
カフェスヰト P.20　招魂殿　ナワテ通り　市営住宅上土団地　木曽屋 P.38　建策設計室 P.25
たい焼き ふるさと　一つ橋　鎮神社　珈琲まるも P.31　Chez Momo P.21
中の橋　まるも旅館
時代遅れの洋食屋　NAKAMACHI CAFÉ P.38　松本ブルワリー タップルーム 中町店 P.39
おきな堂 P.38　大名町　中町・蔵シック館　はかり 資料館　松本市はかり資料館 P.22
松本市　中町通り P.20　布屋旅館　龍興寺　salon as salon P.31
時計博物館 P.23　信州松本　池上医院　ちきりや工芸店 P.35
バウムクーヘン工房　GRAIN NOTE P.32　龍興寺
てまりや P.37　手仕事商會 すぐり P.39
リッチモンド　藤森病院
ホテル松本　信毎メディアガーデン　松本民芸家具
パルコ　POMGE　中央民芸ショールーム P.35
ギャルリ灰月 P.33　cidre & bonbon P.36　御菓子処 藤むら P.39
開運堂 P.37　おいも日和　瑞松寺
中央2　松本中町店 P.21　プリン専門店　源智のそば
春夏秋冬 中町店　P.29
中央3　ベラミ人形店 P.39
東横イン松本駅前本町　松本駅へ→　↓松本駅へ

ナワテ通り・中町通り
0　　50m
徒歩1分

清水1　清水2
槻井泉神社　県2
松本清水局　小松町
清水
フルーツダイニング SHUN P.36　蚕糸公園
イオンモール松本　県1　四ツ谷町
日ノ出町（イオンモール）　蚕糸記念公園
中央・県　県1　県ケ丘高校
旧松本高校　あがたの森公園　松本県ケ丘高
秀峰学校前　秀峰学校前　エクセラン高
松本秀峰　あがたの森図書館
中等教育学校　あがたの森公園 P.23　西小松
埋橋2　県3　松商学園高
源池小
東洋計量史資料館　63　薄川緑地　南小松
筑摩橋
中林橋　↓塩尻へ　松本工高
中林橋　筑摩橋　薄川　松本工高

松本タウン
0　　150m
徒歩約2分

安曇野広域

0　　　1km

N

森の果樹園

A

P.62 大熊美術館

B

北細野駅へ

C

51

ティータイム ガルニ P.57

山のたこ平

乳房大橋

土場

306

329

立足西

立足

147

高瀬橋

池田町

327

古厩

正真院卍

安曇追分駅

1

穂高郷土資料館

穂高温泉郷

25

安曇野市

絵本美術館 森のおうち P.48

中央橋

穂高北小

穂高川

北穂高局

別邸穂高城

25

小岩岳旅館

曽根原家 住宅

有明局

有明医院

有明駅

北穂高

306

307

十色屋 P.63

卍青原寺

安曇野山岳美術館 P.62

心花舎 P.57

豊里

お宿 なごみ野 P.90

富田

穂高西中

アルプガーデン P.62

橋爪橋

穂高橋

安曇野高橋節郎 記念美術館 P.62

安曇野 スープカレー バンジロー P.63

穂高図書館

85

常盤町 常盤橋

穂高公園

2

檜湯の宿 松伯 P.91

P.90 八面大王足湯

P.60 Vif穂高

P.54 そば処 時遊庵 あさかわ

P.63 acorn

ニジノカオリ P.62

308

P.55 そば処 上條

P.63 丸山菓子舗 本店

碌山美術館 P.47

穂高東中

317

保高宿 P.47

穂高病院

駅入口

2

apple&roses P.56

Café VARIE P.63

北アルプス牧場 直売店 P.63・64

P.52 レストラン ラヴニール

P.54 そば処 一休庵

安曇野市 観光情報センター あづみ野パークホテル

安曇野市穂高 陶芸会館 P.51

P.47 しなの庵

宗徳寺卍

P.46 穂高神社

穂高駅

147

市役所支所

穂高商店

穂高神田町 簡易局

安曇野市 中央図書館

309

3

25

432

上原

穂高南小

飯沼美術館

穂高西小

日吉神社

大糸線

柏矢町駅

柏矢局

4

穂高CC

塚原区民運動場

309

柏原西

松本駅へ

495

県営烏川渓谷緑地

国営アルプス あづみの公園 堀金・穂高地区 P.62

25

495

A

B

C

安曇野

0   500m

徒歩7分

N

上高地・白骨温泉

0　　　1km

N

ハイキング
明神～涸沢
トレッキング
P.72～73

P.78 カフェ・ド・コイショ
山のひだや
P.71 明神池
P.70 穂高神社奥宮
嘉門次小屋
食堂
明神橋 P.71
P.83 明神館
明神カフェ
明神
P.71・72

ハイキング
河童橋～明神
コース
P.70～71

長野県
松本市

岳沢温泉
P.70
小梨平 P.71
小梨平キャンプ場
森のリゾート小梨
食堂

上高地ホテル白樺荘
上高地レストステーション
上高地ビジターセンター

河童橋
P.69・70

五千尺ホテル上高地
ネイチャーガイド ファイブセンス
上高地アルペンホテル
上高地インフォメーションセンター
P.69 ウェストン碑
上高地局
（定期開設局）
バスターミナル
右下図

P.81 上高地
ルミエスタホテル
テラス香風音
ラ・リヴィエール P.79
P.74
P.84 売店
上高地温泉

ロビーラウンジ グリンデルワルト P.78
アルペンローゼ P.75
ギフトショップ P.84
上高地帝国ホテル P.80
帝国ホテル前

P.83 上高地温泉
ホテル
やまのらうんじ
P.77
売店
足湯
田代橋
P.68
穂高橋
P.69

MAP ● 上高地・白骨温泉／上高地／河童橋周辺

五千尺ホテル上高地 P.81
メインダイニングGRAND
五千尺キッチン P.76
スイーツカフェ＆バー
「LOUNGE」P.79
上高地のおみやげや P.84
ネイチャーガイド
ファイブセンス
上高地ビジターセンター
ショップ

P.77 カフェ小梨
P.75 ラ・ベルフォーレ テラス
P.84 ショップ白樺
P.83 上高地ホテル白樺荘

THE PARKLODGE 上高地
カフェテリア トワ・サンク

河童橋
P.69・70

上高地西糸屋山荘
グリーンポット
売店

上高地
インフォメーションセンター
上高地局
（定期開設局）
上高地食堂

上高地
アルペンホテル
P.76 上高地
アルペンホテル
食堂
P.84 売店

P.82 上高地
アルペンホテル

上高地アルピコショップ
上高地観光センター

田代橋
梓川
上湯沢

田代温泉
P.68
田代池
P.68

ハイキング
大正池～河童橋
コース
P.68～69

P.82 大正池ホテル
P.75 レストラン レイクビュー

上高地
バスターミナル

東京医科大学
上高地診療所

上高地
0   500m
徒歩7分

大正池
P.68
大正池

河童橋周辺
0   100m
徒歩2分

109

ココミル+
cocomiru

松本 安曇野
上高地
中部⑧

2022年6月15日初版印刷
2022年7月1日初版発行

編集人：福本由美香
発行人：盛崎宏行
発行所：JTBパブリッシング
〒162-8446　東京都新宿区払方町25-5
https://jtbpublishing.co.jp/
編集：03-6888-7860
販売：03-6888-7893
編集・制作：情報メディア編集部
組版：凸版印刷
印刷所：凸版印刷
編集・取材：K&Bパブリッシャーズ／I&M（岩下宗利、藤原恵里、平松優子、竹内美穂、中村人士）
／成沢拓司／間貞麿／遠藤優子／坪倉希実子／伊藤麻衣子
モデル：舞夢プロ（成木未菜、澤波花）

表紙デザイン・アートディレクション：APRIL FOOL Inc.
本文デザイン：APRIL FOOL Inc.／K&Bパブリッシャーズ
撮影・写真協力：西村光司／信州・長野県観光協会／関係各市町村観光課・観光協会
／アフロ／PIXTA
地図：ゼンリン／ジェイ・マップ／K&Bパブリッシャーズ
イラスト：平澤まりこ

本誌掲載の地図は以下を使用しています。
測量法に基づく国土地理院長承認（使用）R 2JHs 293-974号、R 2JHs 294-449号

本書掲載のデータは2022年4月末日現在のものです。発行後に、料金、営業時間、定休日、メニュー等の営業内容が変更になることや、臨時休業等で利用できない場合があります。また、各種データを含めた掲載内容の正確性には万全を期しておりますが、おでかけの際には電話等で事前に確認・予約されることをお勧めいたします。なお、本書に掲載された内容による損害賠償等は、弊社では保障いたしかねますので、予めご了承くださいますようお願いいたします。

本書掲載の商品は一例です。売り切れや変更の場合もありますので、ご了承ください。

本書掲載の料金は消費税込みの料金ですが、変更されることがありますので、ご利用の際はご注意ください。入園料などは特記のないものは大人料金です。
定休日は、年末年始・お盆休み・ゴールデンウィークを省略しています。
本書掲載の利用時間は、特記以外原則として開店（館）〜閉店（館）です。オーダーストップや入店（館）時間は通常閉店（館）時刻の30分〜1時間前ですのでご注意ください。
本書掲載の交通表記における所要時間はあくまでも目安ですのでご注意ください。

本書掲載の宿泊料金は、原則としてシングル・ツインは1室あたりの室料です。1泊2食、1泊朝食、素泊に関しては、1室2名で宿泊した場合の1名料金です。料金は消費税、サービス料込みで掲載しています。季節や人数によって変動しますので、お気をつけください。

本書掲載の温泉の泉質・効能は源泉のもので、個別の浴槽のものではありません。各施設からの回答をもとに原稿を作成しています。

本書の取材・執筆にあたり、ご協力いただきました関係各位に厚くお礼申し上げます。

おでかけ情報満載　https://rurubu.jp/andmore/

223206　280400
ISBN978-4-533-14984-9 C2026
©JTB Publishing 2022
無断転載禁止　Printed in Japan
2207

楽しい旅
しましょ♪

＼ 取りはずして使える ／

ココミル✦
cocomiru

松本 安曇野
上高地

折込MAP

〔表〕
❖ 松本タウン MAP
❖ ナワテ通り・中町通り MAP
❖ 安曇野サイクリング MAP
❖ 松本タウンバスアクセス早見表
❖ タウンスニーカーバスルート

〔裏〕
❖ 上高地ハイキング MAP

行き先は
コチラです♪

安曇野松川
亭まつかわ P.64

四人峠
275

長野へ
生坂トンネル

275
生坂村役場
道の駅いくさかの郷
生坂村水鳥公園

生坂ダム

19

日野橋
下生野

横尾峠

岩州公園

276

□道の駅池田 池田町
ハーブセンター

向けコース

犀川

Restaurant OASIS P.45
漢水飯釜 大王庵 P.45
DAIO's CAFE P.45
大王わさび農場 P.44-47

木戸橋 木戸

85

403

磯ノ井線

安曇野
スープカレー
ハンジロー
P.63

51

押野山
押野

雷山

N

07
306
317
85

安曇橋
扇川橋
塔ノ原

明科駅
302

穂高神社 P.46
パン カルモ P.59

長峰山
展望台

明科トンネル
長峰山

保高宿 P.47

駅入口

09
柏矢町

310

長野県民
豊科運動広場

安曇野の里

安曇野 BASE P.61-64
ハイジの里 P.61

安曇野スイス村 P.46

光城山

天平の森

まちの駅

初心者向けコース

495

光橋西

安曇野温泉

57

安曇野市豊科近代美術館 P.49

新田北

田沢橋

田沢駅
田沢

新田

安曇野役場

57
安曇野
19

上ノ山

豊科駅

成相

安曇野市
豊科郷土博物館
P.62

316

豊科CC

南豊科駅

長野自動車道

316
南中南

松本
トンネル

147

コース

梓川SA
梓川
スマートIC

中萱駅

316

立石

315

梓川橋

平瀬口

松本駅へ

松本へ
松本駅へ

上級向けコース

走行時間 約1時間56分
走行距離 約29.1km

JR 穂高駅
↓ 約6.6km ● 約26分
絵本美術館 森のおうち
↓ 約6.8km ● 約27分
安曇野ちひろ美術館
↓ 約6.5km ● 約26分
道の駅 安曇野松川
寄って停まつかわ
↓ 約8.7km ● 約35分
碌山美術館
↓ 約0.5km ● 約2分
JR 穂高駅

レンタサイクル
インフォメーション

しなのあん
しなの庵

クロスバイクや電動アシスト自転車が
あるレンタサイクルショップ。
☎0263-82-3730 🏠安曇野市穂高
5951-2 💴普通自転車レンタル1時間
200円～ 🕐8時～日没(夏期7時～)
🈶雨天時、12月中旬～3月中旬 🚉JR
穂高駅からすぐ 🅿30台
MAP P107C3

あづみのしぇあさいくる
安曇野シェアサイクル

市内外のステーションで借用・返却可
能。HELLO CYCLING スマホアプリ
で要会員登録。
☎0263-82-9363(安曇野市観光情
報センター) 💴15分100円、12時間
最大1500円 🕐4～11月、24時間